LA REINE DU SILENCE

MARIE NIMIER

LA REINE
DU SILENCE

GALLIMARD

DU MÊME AUTEUR

Aux Éditions Gallimard

SIRÈNE (« Folio », n° 3415).

LA GIRAFE (« Folio », n° 2065).

ANATOMIE D'UN CHŒUR (« Folio », n° 2402).

L'HYPNOTISME À LA PORTÉE DE TOUS (« Folio », n° 2640).

LA CARESSE (« Folio », n° 2868).

CELUI QUI COURT DERRIÈRE L'OISEAU (« Folio », n° 3173).

DOMINO (« Folio », n° 3551).

LA NOUVELLE PORNOGRAPHIE (« Folio », n° 3669).

Aux Éditions Balland/Maison des Écrivains

MINA PRIŠH (dans *Le Voyage à l'Est*).

Aux Éditions Hazan

DES ENFANTS. Photographies de Sabine Weiss.

Mon père a trouvé la mort un vendredi soir, il avait 36 ans. Son Aston Martin DB4 s'est écrasée contre le parapet du pont qui enjambe le carrefour des routes nationales 307 et 311, à quelques kilomètres de Paris. La voiture roulait sur la file de gauche lorsqu'elle vira à droite en freinant sans que rien puisse expliquer ce brusque écart de conduite. Elle faucha sept bornes de béton avant de s'immobiliser. La jeune femme qui était assise à ses côtés, une romancière au nom exotique, venait de signer chez Gallimard le service de presse de son premier livre. Sunsiaré de Larcône avait 27 ans. Elle était d'une beauté peu commune.

Il n'y a rien à raconter, n'est-ce pas, rien à dire de cette relation. Je n'étais pas dans la voiture. J'avais 5 ans. Je n'avais pas vu mon père depuis des mois. Il n'habitait plus à la maison. Certains journaux de l'époque ont avancé l'hypothèse que ce n'était pas lui mais elle qui conduisait l'Aston Martin. Je me demande où elle est enterrée. Sans doute à Rambervillers, sa ville d'origine. Elle avait un fils, son prénom m'échappe au moment où j'écris ces lignes. Il y a une vingtaine d'années, nous nous sommes rencontrés par l'intermédiaire d'une amie commune. Il se lançait dans la production musicale et je chantais dans un groupe, Les Inconsolables. Si j'avais cru au hasard, j'aurais pu dire qu'il faisait bien les choses. Et inventer ça, l'histoire de ça. Une liaison entre les enfants de ces deux-là qui ensemble ont connu la mort. Le premier rendez-vous. Lui et moi, dans ce café de la porte d'Orléans. Le geste de sa main pour évoquer la blondeur maternelle. Le tremblement de mes lèvres. Le fils de Sunsiaré a les cheveux longs et cette gravité tranquille des enfants grandis prématurément. Nous avons le même âge. Jeunes, très jeunes — nous ne le savons pas encore, nous nous sentons très vieux. Nous sommes assis dans le fond du café, loin du regard des autres. Il y a de grands miroirs, une lumière tamisée et des banquettes de moleskine. Tu imagines la scène. Le scénario. Si tu as envie de vendre des livres, tu écris ça avec ce qu'il faut de perversité et de tendresse. Un sujet en or. Une couverture de presse exceptionnelle où l'on s'empressera de ressortir les photos de l'Aston Martin écrabouillée. Et puis non. Il y a vingt ans, je n'ai pas écrit ce livre. Et je ne l'écrirai pas. Ou, si je l'écrivais, je le commencerais autrement.

Je dirais : je suis la fille d'un enfant triste. Ou, pour reprendre la traduction du titre anglais : d'un enfant des circonstances. Mon père était écrivain. Il est l'auteur du *Hussard bleu,* qui le rend célèbre à 25 ans. Pour ceux qui n'ont jamais entendu parler de lui, je recopierais la présentation du livre de poche en l'assaisonnant à ma façon. La vie et l'œuvre de Roger Nimier (1925-1962) sont marquées par une prédesti-

10

nation à l'ellipse et au raccourci : d'origine bretonne, il naît et vit à Paris, fait de brillantes études, s'engage en 1944 dans le 2ᵉ régiment de hussards, entre en littérature et meurt dans un accident d'automobile. Et l'urgence de ce destin éclair semble avoir forcé l'un des écrivains les plus doués de sa génération à publier une série de romans frappés de ce même caractère insolent. Royaliste version d'Artagnan, d'une culture immense, il prend à rebours ce qu'il considère comme le prêt-à-penser de son époque, cette intelligentsia de gauche à laquelle s'opposeront ceux que l'on surnommera les Hussards, fiction réunissant autour de Roger Nimier des écrivains comme Antoine Blondin, Jacques Laurent ou Michel Déon. Le hussard étant, je cite, « un militaire du genre rêveur qui prend la vie par la douceur et les femmes par la violence ».

Ou encore : « Un garçon avec une voiture. »

Je n'ai gardé de lui que quelques souvenirs, bien peu en vérité. Je me tourne vers ses amis. Ce qu'ils ont dit, ce qu'ils ont publié, les rumeurs qu'ils ont colportées. Drôle de façon de voir son père. De le rencontrer. On le décrit tour à tour et parfois simultanément comme un être désinvolte, sérieux, menteur, loyal, lent, rapide, travailleur, paresseux, cynique, patriote, cruel, tendre, indifférent, passionné, grave, frivole, ponctuel, généreux et malhabile de ses sentiments comme on est maladroit de ses mains. J'ajouterais qu'il fut aussi journaliste, rédacteur en chef, scénariste et, jusqu'à sa mort, conseiller littéraire chez Gallimard — c'est ainsi qu'il fit la connaissance de Sunsiaré de Larcône, alias Suzy Durupt, auteur de *La messagère* et de quelques romans inédits. Je dirais aussi qu'il eut trois enfants, dont le premier, Guillaume, mourut à la naissance, ce qui conditionnerait toute la suite du récit. Je parlerais de Martin, de dix-huit mois mon aîné, de Hugues aussi, mon demi-frère né d'un premier mariage de ma mère. Je m'aventurerais à raconter ces anecdotes qui émaillent la légende paternelle, les connues et les moins connues. Je gratterais un peu, allant jusqu'à retrouver dans la correspondance privée quelques aventures lourdes de sens qui donneraient un éclairage nouveau sur le personnage. Et je mettrais le tout à la poubelle.

Ou alors, je commencerai par une visite au cimetière de Saint-Brieuc. Ma première visite, il y a trois ans. J'écrirai qu'au début il y a beaucoup de pierres, et des arbres, beaucoup aussi. Beaucoup de tombes alignées comme les petits lits d'un dortoir en plein air. Au début on se dit, oui, c'est la première chose qui m'est venue à l'esprit en arrivant au cimetière : ils sont bien, là, avec la mer en contrebas. Il est bien là.

Il faut prendre le train, puis marcher sous la pluie. Chaque fois que je suis allée sur la tombe de mon père, il pleuvait. Je n'en tire aucune conclusion sur le climat de la France en général et de la Bretagne en particulier, ni sur l'étrange adéquation entre mon état intérieur et les caprices de la météo. J'achète toujours mes fleurs chez la même fleuriste, en face du cimetière, une femme élégante qui vous les enveloppe avec autant d'amour que s'il s'agissait d'un cadeau pour la Saint-Valentin. Elle sait que son emballage se retrouvera, quelques minutes plus tard, dans la poubelle de l'allée principale, avec sa bouffette et la petite étiquette dorée collée au bolduc, oui, je viens de vérifier, il s'agit bien de bolduc (j'avais un doute sur le mot), qui vient de Bois-le-Duc, ville du Brabant-Septentrional, tu prends le ruban à la base, tu le coinces entre la lame d'un couteau et le plat du pouce et tu tires en remontant, plus le geste est vif, plus la frisure est moussue, et enroulée serré lorsque le geste est lent, elle sait tout ça sur le bout des doigts, la fleuriste, elle sait que très vite dans la poubelle sa belle construction, comme les pâtissiers leurs décorations en pâte d'amande sur la bûche de Noël dans l'estomac avec la farce, pêle-mêle, les huîtres et le chapon, mais peu lui importe. Elle aime le travail bien fait, il n'y a que cela qui compte pour elle : la beauté du geste, le plaisir de l'instant. Tu auras beau agiter la main en signe de dénégation (c'est pour en face, vous savez, tous ces efforts, est-ce bien la peine ?), elle ne t'écoutera pas, ne te regardera pas, continuera à passer la lame de ses ciseaux contre le ruban doré jusqu'à ce qu'il dégouline en anglaises sur le papier de cellophane. Sa boutique est à son image. Les fleurs artificielles, les plaques gravées, les couronnes mortuaires, oui, tout est disposé gaiement, avec des anges en terre cuite qui volettent à différentes hauteurs, des bougies parfumées et la radio qui égrène les actualités : terrible accident de la route en ce premier jour du week-end, seules des mesures drastiques permettraient de faire reculer la mortalité.

Personne ne nous a jamais proposé d'aller sur la tombe de notre père quand nous étions enfants. Nous passions pourtant nos vacances d'été dans la région. Nous descendions du train à Saint-Brieuc, puis nous prenions l'autocar jusqu'à Saint-Quay-Portrieux. Je me demande si mon frère Martin la connaît. Moi-même, je n'ai trouvé que très tard le courage de m'y rendre, et presque en cachette, comme s'il s'agissait là d'un acte répréhensible. Un jour, j'aimerais retourner à Saint-Brieuc avec Martin. Ça fait monter les larmes aux yeux, des phrases pareilles. Un jour, virgule, j'irai fleurir la tombe avec mon frère. Non, il faudrait le dire autrement. Un jour, virgule, j'irai avec Martin sur la tombe de notre père. La tombe de Roger Nimier. Un jour, virgule, nous irons mon frère et moi, un jour, virgule, mais quand je laisse des messages sur son répondeur il ne me rappelle jamais, alors ce n'est pas qu'on se vexe, mais à force on a l'impression de déranger. Alors, à force, on ne dérange plus. On garde ça pour soi. Les visites au cimetière qui surplombe la mer, les arbres, les petits lits et les souvenirs douloureux du papa.

La première fois, le gardien du cimetière m'a prêté une pelle et un balai pour faire le ménage. Cet homme est fier de son métier, il l'accomplit de façon ostensiblement méritante. Avec la fleuriste, ils se sont donné le mot. C'est lui, le gardien, qui m'a appris que pendant des années il n'avait vu quasiment personne sur cette tombe. Il y avait bien eu une équipe de télévision, sept ou huit ans auparavant, au mois d'octobre, mais elle n'avait fait que constater l'état des lieux — on aurait même dit qu'ils se réjouissaient de cet abandon, qu'ils y trouvaient un plaisir esthétique.

Un plaisir malsain, disait le gardien.

Que cherchaient-ils à prouver ? Ils avaient commencé le tournage sans toucher à rien, pas un geste pour écarter les feuilles mortes. Un homme de prestance aux cheveux argentés était interviewé devant la croix. Le gardien avait proposé d'emprunter quelques pots de fleurs à la tombe de Louis Guilloux, qui fêtait justement son anniversaire, ou au père de Camus qui reposait à quelques travées de là. Le réalisateur avait refusé, et s'était même un peu moqué, semblait-il, croyant sans doute que le gardien ne faisait jouer la solidarité littéraire que pour obtenir un pourboire, ce qu'il obtint, un billet neuf, tout frais sorti du distributeur, puis on le pria gentiment de rester hors champ. Cette attitude l'avait choqué, pas humilié, non, il n'en faisait pas une affaire personnelle, mais il n'était pas juste selon lui qu'un cimetière si bien tenu fût représenté à la télévision par ce genre de tombe. Il n'avait pas le pouvoir d'interdire le tournage mais, comme il s'était mis à pleuvoir et que l'équipe s'était réfugiée dans un café, le gardien en avait profité pour remettre un peu d'ordre, désherbant, balayant, grattant, fleurissant, recalant le rameau en métal qui décorait la pierre, si bien que le journaliste revenant une heure plus tard pour finir son interview avait piqué une colère, colère qui n'avait servi à rien, car s'il est possible de nettoyer une tombe en une heure, l'abandonner demande du temps. L'équipe avait été obligée de reprendre tous les plans depuis le début, l'arrivée en flânant dans l'allée principale, la lecture des noms gravés et le monologue inspiré du témoin de la dernière heure.

Je me demande qui était cet homme aux cheveux gris, un écrivain sans doute. D'après le gardien, il avait vu mon père le jour de sa mort. Il faudrait que je retrouve l'émission, peut-être la ville en possède-t-elle une copie dans ses archives, ou la médiathèque. J'aimerais savoir si cet homme est au courant de ce rendez-vous tardif chez Roger la Grenouille, le soir même de l'accident — mon père devait y rejoindre des amis, vers minuit —, c'est drôle comme nom, pour un restaurant parisien, Roger la Grenouille. Le lieu existe toujours. L'une des anecdotes que l'on raconte au sujet de son fondateur est qu'il offrait à ses clientes une grenouille-souvenir en échange d'un baiser. Un baiser fraternel, sur la joue, semblait-il, mais qui se transformait en baiser sur la bouche lorsqu'il tournait rapidement la tête. Roger la Grenouille était orphelin. Il invitait tous les jeudis une vingtaine d'enfants à déjeuner. Un endroit singulier. J'aimerais avoir la force d'y aller. D'y inviter le fils de la jeune romancière native de Rambervillers. Le fils de Sunsiaré. Encore faudrait-il que je me souvienne de son nom. Que je retrouve sa famille. Rambervillers, où est situé Rambervillers ? Je n'ose pas dire ce que j'ai découvert sur Internet à propos de Rambervillers. Pas le moment. Tu sais très bien où est Rambervillers, c'est dans les Vosges, tu as même les horaires des cars et dans l'album de ton ordinateur les photos de la fête locale. « Rambervillers, la cité des têtes de veaux », voilà ce qui est apparu lorsque tu as lancé le moteur de recherche : un dossier complet sur le défilé de la confrérie des charcutiers. Les têtes de veaux, promenées tels des trophées de guerre dans des chars glorieusement décorés. Pauvre Sunsiaré, avec un pseudonyme si élégant, des cheveux de princesse, et une mort tellement romanesque — mais je déteste cette idée de mort romanesque, non, rien d'héroïque dans cette voiture fracassée, rien, que du sang et des bouts de tôle, sirènes, ambulances, retour à Rambervillers, boucherie, charcuterie, têtes embaumées avec tomate dans les naseaux et carottes vernies en guise de collerette, du beau travail, pour la postérité. Je me perds, je ne devrais pas penser au corps disloqué de mon père. Je vois l'accident au ralenti. Je pourrais décrire par le menu toutes les versions possibles de la catastrophe, de ça aussi, je pourrais faire un roman. Un livre construit autour du fait divers en reprenant chaque fois depuis le début, comme dans ces cauchemars où tu nages à contre-courant, les pieds attachés à la berge par un élastique. Ce qu'il a tu, ce qu'elle a dit. L'odeur de la voiture et le bruit du moteur. Le jeu des corps et les projections de l'esprit. Cette lueur soudaine, la peur, les cris et le grand silence qui a suivi. Je rappellerais les derniers mots de D'Artagnan dans ce roman que mon père venait tout juste d'achever quand il rencontra Sunsiaré : Il n'y a que les routes pour calmer la vie. Qui saura jamais ce qui s'est passé dans l'Aston Martin ? Dans le bénéfice du doute (c'est dire qu'à ignorer il y a parfois un sacré avantage), je ne raconterai pas non plus cela. Je ne l'imaginerai pas. Je me refuserai à l'imaginer. Je répéterai en me cachant les yeux comme les enfants qui veulent disparaître : ça ne me regarde pas.

Cette année, je suis allée sur la tombe pour la Toussaint. Le gardien avait des chaussures neuves, la fleuriste deux assistantes, tout aussi soigneuses qu'elle, mais nettement moins habiles à friser le bolduc — ses filles peut-être, ou ses nièces, qui en ce jour d'affluence venaient gagner un peu d'argent de poche. J'ai commencé à travailler très jeune, moi aussi. Je faisais l'ange au Palais des Merveilles. J'avais un maquillage blanc, deux ailes en plumes véritables et un petit tambourin qu'on me demandait de frapper en suivant le rythme de la musique. Je marchais pieds nus dans la rue — un ange avec des chaussures, non, décidément. J'avais 15 ans, je buvais des Kir et dormais à l'arrière du camion pendant les tournées. Dans aucun article sur la mort de mon père je n'ai trouvé mention précise de son taux d'alcoolémie. J'ai épluché les journaux de l'époque, sans succès. On raconte qu'il était passé à plusieurs cocktails de presse avant de prendre la route. Il faudrait rechercher le rapport de police, solliciter le tribunal de grande instance, mais à quel titre pourrais-je réclamer la réouverture du dossier ? Ce chiffre est bien noté quelque part. Sunsiaré aurait dit à l'un de ses amis, le jour de l'accident, et en parlant de mon père : « Je vais enfin voir ce qu'il a dans le ventre. » Propos rapportés vingt ans plus tard par André Pieyre de Mandiargues. Faut-il croire André Pieyre de Mandiargues ? Dans le ventre de mon père, elle voulait voir. Je pense souvent à cette phrase, je me la répète jusqu'à ce qu'elle perde son sens, sa charge maléfique, qu'elle s'efface à force d'exister. Le fils de Sunsiaré doit avoir fait du chemin depuis cette rencontre dans le café de la porte d'Orléans. Sa façon de me parler du drame m'avait impressionnée. J'aurais aimé avoir sa légèreté, son assurance. Il posait sur sa mère un regard tendre et protecteur — du moins est-ce le souvenir qu'il m'a laissé. Il ne lui en voulait pas. Elle était ainsi, disait-il, comme si sa mort accidentelle faisait partie intégrante de sa vie. Je me demande comment il s'est débrouillé. S'il a résisté. S'il lira ces lignes.

Il y a quelques mois, je me suis inscrite à l'auto-école de la ville voisine, et j'ai obtenu mon code sans difficulté. Il me semble que j'aurai plus de mal en ce qui concerne l'épreuve pratique, les premières leçons ne m'ont guère encouragée, mais depuis que j'habite en Normandie avec Franck et les enfants l'apprentissage de la conduite est devenu un passage obligé. Alors je m'oblige. J'ai décidé que j'aurai mon permis. Je le dis d'autant plus fermement que cela me paraît le bout du monde. Je me sens stupide, oui, pleine de bonne volonté mais parfaitement idiote au volant d'une voiture. Les informations patiemment distillées par mon moniteur glissent sur moi comme sur les plumes d'un canard. Il paraît que c'est normal. Qu'au début, c'est toujours comme ça, les vitesses qui s'agrippent à la boîte telle une brosse en plastique dans des cheveux trop secs. Que oui, toi aussi, tu calais au démarrage, toi aussi tu avais peur quand une voiture te suivait de trop près. Il faut que je me concentre. Que je prenne sur moi, comme dit mon moniteur. Prendre sur soi...

Je viens de relire ce qui précède à propos de mes

visites au cimetière, et qui ressemble si peu à ce que j'ai vécu. Difficile de trouver le ton, la juste distance. La fleuriste, par exemple. J'aurais pu la tuer, la première fois, ses fioritures et son air rêveur, elle tenait la lame de ses ciseaux bien serrée contre son pouce, je m'attendais à voir le sang gicler, ce geste était insupportable, et le bruit, ce crissement du bolduc, cette plainte, alors j'ai demandé à la jeune femme d'arrêter, je lui ai ordonné d'arrêter, j'ai entendu ma voix très forte résonner dans le magasin, et elle m'a regardée d'un air surpris, non, pas surpris : effrayé.

Je me suis excusée, j'avais honte.

Les fleurs, c'est pour en face, ai-je marmonné en levant le menton vers le cimetière. Elle a baissé les yeux. Oui, a-t-elle répété, pour en face, et elle m'a présenté ses condoléances, comme si mon père venait d'être enterré. Aurais-je dû lui dire qu'il était mort depuis longtemps ? Je me suis éloignée pendant qu'elle poursuivait son travail — elle n'allait pas tout défaire, maintenant que le paquet était presque fini. Je me suis concentrée sur le son de la radio pour ne pas pleurer. Et j'ai pleuré. Je repensais à tous ceux qui avaient appris en direct la mort de mon père. Ce n'est qu'après, la deuxième fois, que l'application de la fleuriste a commencé à m'émouvoir, comme me touchait la vigilance du gardien. J'aimais retrouver ses gestes lents et sa façon de secouer la tête lorsque ses cheveux lui tombaient dans les yeux. Je ne sais pas quoi faire des premières pages. Je me dis parfois qu'il faudrait tout effacer, une fois de plus, tout reprendre. Je raconterai les faits : le pare-brise qui vole en éclats, et ces deux êtres inanimés que l'on allonge sur des civières. On les recouvre pour ne pas qu'ils aient froid. Ils sont beaux tous les deux, très pâles, sur les photos prises dans la chapelle ardente ils ressemblent à des gisants. La première fois que je suis allée au cimetière, j'ai acheté un hortensia blanc, en pensant à ces clichés. L'hortensia était planté dans un seau en zinc avec une anse, un seau peint en blanc, lui aussi, ou plutôt enduit d'une pâte crayeuse qui restait sur les doigts. Lorsque j'ai posé l'ensemble sur la tombe de mon père, un peu de poudre s'est détachée. Il s'agissait de blanc d'Espagne, sans doute, qui sous l'averse commença à se diluer. Et je ne pus m'enlever de l'esprit cette image, pendant tout le voyage du retour, ce blanc gagnant peu à peu l'ensemble de la tombe. Ce blanc victorieux, s'insinuant dans les pores de la pierre, soulignant lettres et rameau. Ce blanc devenant gris, à mesure que fanent les fleurs, et le pot reprenant sa couleur initiale. Finalement perdant l'équilibre, renversé par un coup de vent, quelqu'un le redresse, le gardien peut-être, ou cette dame qui vient nourrir les chats. Petites pattes claires sur la tête des morts, empreinte de la vie dans l'univers sans nom. Quelqu'un récupère l'objet devenu inutile. Quelqu'un l'adopte, l'installe chez lui. Quelqu'un s'en sert et moi dans le train, moi de retour à mon bureau, assise bien droite devant mon ordinateur, je regarde les photos du pont de La Celle-Saint-Cloud, les photos de l'hôpital de Garches et celles de la parade des charcutiers à Rambervillers, comme si je pouvais en naviguant des unes aux autres retrouver le visage de cet homme qu'un jour, il y a très longtemps, j'ai appelé papa.

Un matin du mois de mai, j'ai demandé à Hugues, mon demi-frère, de me raconter comment il avait appris la mort de son beau-père. La mort de Roger Nimier. Nous n'en avions jamais parlé tous les deux, par timidité sans doute, de ces pudeurs extrêmes qui fondent les familles aussi sûrement qu'une naissance désirée. Nous avions avancé dans la vie en laissant ça de côté. Ça, sur le bord de la route. Ça : un corps meurtri, porté sans connaissance loin des yeux des enfants. Nous avions tissé des liens qui nous protégeaient du drame, l'enfermant dans un cocon pour étouffer tant bien que mal le battement de ses ailes. Hugues est de dix ans mon aîné, il a beaucoup de choses à m'apprendre encore, beaucoup de choses que personne d'autre que lui ne pourrait me raconter. J'avais envie qu'il me parle de l'enterrement. Des jours et des semaines qui ont suivi l'accident de voiture. Je lui téléphonai de la gare Montparnasse — Hugues habite un ancien relais de poste près de La Rochelle. Quelques heures plus tard, je me retrouvai à l'ombre d'un tilleul avec mon antique filet à papillons, essayant de recueillir sans les abîmer les mots qu'il voudrait bien me confier. En fait de filet, j'avais devant moi une feuille blanche et dans ma main droite un stylo. Je l'écoutais sans le regarder — c'était plus facile ainsi, laisser sa voix prendre son envol sans l'alourdir du poids des yeux. J'avais mis une robe en lin bleu que je portais pour la première fois. Elle me serrait un peu. J'aimais cette sensation d'être tenue, doublée d'une peau végétale qui me protégeait non de l'extérieur, comme le font les armures ou les boucliers, mais des assauts venant de l'intérieur de mon propre corps — car si j'étais montée dans le train sans me poser la moindre question, le voyage avait eu raison de mon assurance. Les places dans le sens de la marche étant toutes occupées, j'avais été obligée de m'asseoir à contresens. Je n'aimais pas tourner le dos au paysage — impression que la machine courait derrière elle-même pour se rattraper, impression d'être poussée dans le dos sans pouvoir jamais atteindre… atteindre quoi ? N'était-il pas un peu tard pour interroger Hugues ? Comment aborder la question, comment expliquer cette envie soudaine de sonder le passé, ébranlant sur un coup de tête ce qui avait été la base de nos relations depuis tant d'années ? Pourquoi cette impatience, ce besoin immédiat de rompre le silence ? Mon frère allait penser que j'étais vraiment mal en point. Il allait avoir pitié de moi. Je ne supportais pas cette idée.

Oui, mal, j'étais effectivement mal en débarquant à La Rochelle. Mes jambes tremblaient. Mon frère ne sembla pas le remarquer, il dit que j'avais une mine resplendissante et se réjouit de me voir en si bonne santé. J'accueillis ses compliments avec gratitude. Nous marchâmes d'un bon pas jusqu'au parking. Je recouvrai très naturellement l'usage de mon corps comme si le regard confiant de mon frère lui avait redonné un sens. Emportée par mon élan, je me cognai la tête en entrant dans sa voiture. Ce fut comme un déclencheur. Je me mis à parler d'une voix qui ne me ressemblait pas. Une voix au timbre clair, un peu plus aigu que mon timbre habituel. Avant même d'arriver chez lui, il connaissait sinon les raisons, du moins le mobile de ma visite.

L'air était chaud, une chaleur précoce qui ne laissait rien présager de bon pour la suite de la saison. Nous décidâmes de nous installer dans le jardin. Non, je n'avais pas soif. Ni faim, non. Hugues apporta deux verres et une carafe d'eau fraîche avec du sirop d'orgeat. Il fut d'une extrême gentillesse, tout en restant économe et précis, me répétant sans cesse qu'il trouvait ma démarche courageuse, et qu'il ferait tout pour m'aider, et que ça ne le dérangeait pas le moins du monde de me parler de cette époque — bien au contraire, bien au contraire. J'avais l'impression de lui poser des questions très intimes, comme si je l'avais interrogé sur la taille de son sexe ou les caprices de sa libido. Tu imagines, poser ce genre de questions à ton frère aîné. Hugues se balançait sur sa chaise de jardin. Il faisait ça aussi à la maison quand nous étions petits, dans la cuisine familiale avec le linge qui tombait du plafond et les meubles en formica jaune poussin. Notre mère le lui reprochait souvent, mais il restait imperméable à ses remarques. Il s'arrêtait, un temps, puis reprenait dès qu'elle avait le dos tourné. Elle parlait du carrelage et de fracture du crâne, de l'hôpital, des pieds de la chaise aussi qui, à force d'être mal-traités, allaient se casser et nous n'aurions plus qu'à manger debout en tenant notre assiette. Je prenais ces propos très au sérieux, et chaque fois que mon frère recommençait à se balancer ma gorge se serrait. Ma mère haussait rarement la voix. Elle ne haussait pas non plus les épaules. Ne baissait pas les bras. Inlassa-blement, elle répétait. Elle expliquait. Elle cherchait à comprendre. Je voulus rappeler ce souvenir à Hugues, mais il était ailleurs, dans un monde où mes réflexions ne lui parvenaient qu'assourdies, sans consistance — et c'est lui qui avait raison. S'il ne parlait pas tout de suite, il ne le ferait jamais, et nous resterions séparés par ces mots en souffrance.

Que disait Hugues ? Qu'avait-il à m'apprendre ?

D'abord, ce fut décevant. Un peu comme quand tu rencontres pour la première fois ton correspondant anglais à la sortie du ferry. Il y eut des chiffres et des noms propres que je notai consciencieusement, me demandant pourquoi j'avais attendu tant d'années pour obtenir des informations aussi simples (j'ai pensé : insignifiantes, et je l'ai regretté). En automne 1962, Hugues était en pension à soixante kilomètres de Paris — une heure de train par la gare du Nord. Il entrait en classe de quatrième et venait d'avoir 14 ans. Un matin, peut-être un lundi matin, il faudrait vérifier sur un calendrier de l'époque, précisa-t-il, le directeur le convoqua dans son bureau pour lui annoncer d'une voix compatissante que son père venait de mourir dans un accident de voiture. Hugues acquiesça sans comprendre ce qui lui arrivait. La question qu'il se posait était grave, peut-être encore plus effrayante que l'accident lui-même.

La question ? Mon frère marqua un temps. Il avait du mal à la formuler, quarante ans plus tard. Il but une gorgée d'eau. Sa pomme d'Adam fit la navette comme pour préparer sa gorge au passage d'un objet encombrant. Je levai les paupières et croisai son regard. Il baissa aussitôt les yeux. Il avait une petite saleté suspendue à un cil.

La question, reprit-il, se résumait en trois mots : Qui était mort ?

Oui, qui était mort dans l'accident, son père ou son beau-père ? Notre mère au téléphone avait dû parler de « son mari » au directeur du collège, un religieux qui, n'étant pas au courant de son premier mariage, et par conséquent de son divorce, avait simplement transmis l'information telle qu'il l'avait reçue. Mon frère comprit qu'il n'obtiendrait pas la réponse au sein de l'établissement, à moins de raconter l'histoire familiale, ce qu'il redoutait par-dessus tout. Il n'y avait plus qu'à attendre. La tristesse, il était habitué. Le silence aussi. Au moins pour un moment, les professeurs se garderaient de lui reprocher son air absent. Leur indulgence arrondirait la peine. On lui donnerait de petites tapes sur le dos lourdes de signification, et des notes légèrement supérieures à ce qu'il méritait, bien qu'il ne fût pas mauvais en classe, loin de là, mais toujours un peu trop réservé, en retrait de lui-même, caché derrière ce corps immense qu'il portait comme un paravent.

Malgré la proximité du pensionnat, Hugues ne rentrait pas à Paris tous les week-ends. Il n'avait aucun souvenir d'un quelconque échange téléphonique avec notre mère au sujet de l'accident. Incroyable, quand on y pense, tous ces jours de silence. Tous ces jours à douter de l'identité du disparu. Tu imagines les nuits, la culpabilité. Quel père fallait-il tuer pour que l'autre reste en vie ? Brigitt, une amie allemande, vint lui rendre visite le dimanche suivant. Pour le distraire, elle l'entraîna au karting — un luxe — et mon frère comprit par déduction, au fil de la conversation, que le mort, c'était Roger.

En fut-il soulagé ? À sa place, je l'aurais été. Je lui demandai s'il se rappelait la première fois où il était rentré à Paris après l'annonce du drame. Hugues arrêta de se balancer. Il réfléchissait, ne voulait pas me dire de bêtises. Tout cela était assez flou dans son esprit. Il se resservit de l'eau. Porta lentement le verre à sa bouche et le reposa sans avoir bu. Son retour à Paris... Oui, il revoyait un exemplaire de *L'Auto-Journal* qui arrivait au nom de Roger Nimier et que notre mère lui avait demandé de cacher dans son cartable pour que nous ne tombions pas sur l'article qui lui était consacré. Il se souvenait d'une conversation téléphonique interminable, le dimanche matin sans doute, à propos des dettes qu'avait laissées son beau-père, des cotisations sociales impayées depuis trois ans, des majorations de retard et des primes d'assurance. Et puis il y avait les frais de remorquage de l'épave à régler au garage, était-ce bien à elle de s'en occuper ? Hugues se souvenait également de Martin pleurnichant à table — Martin qui, selon lui, venait tout juste d'apprendre la mort de son papa. Pleurnicher, c'est le mot qu'il utilisa. Il y avait de la soupe au potiron en entrée. Hugues se souvenait de ça, de la soupe et du parfum de la soupe, mais de moi, non. De moi, il ne fut pas question dans son récit. Je lui en voulus de ne pas avoir retenu la moindre chose me concernant. J'aurais aimé qu'il me parle de la petite fille que j'étais. Mais la petite fille était transparente. Il ne jouait pas avec elle, ne connaissait pas le nom de ses poupées. Je crois que ma préférée, à l'époque, s'appelait Cora. Elle était très féminine. Il y avait aussi François, un baigneur en plastique rose clair que je langeais avec un foulard de soie. Il n'avait ni sexe ni nombril. L'enterrement de son beau-père ? Hugues n'y avait pas assisté. On ne lui en avait pas parlé, et ce n'est que l'été suivant, alors qu'il passait ses vacances à Saint-Quay-Portrieux, qu'il avait appris par hasard, au détour d'une conversation entre adultes, que le corps de Roger Nimier reposait à Saint-Brieuc. L'histoire s'arrêtait là.

Je ne savais pas au moment de son enterrement que mon père était mort. Je ne l'apprendrais qu'après plusieurs jours, une semaine, peut-être davantage. Dès le lendemain de l'accident, ma mère nous avait confiés à son père, qui habitait en Normandie. Elle nous avait mis entre parenthèses, sous la protection de cet homme que nous aimions. Ma mère avait tremblé en découvrant les photos publiées dans *Paris-Match*, sans son autorisation bien sûr, ces pleines pages où l'on voyait les deux corps à l'hôpital. Et si nous tombions dessus par hasard ? Si quelqu'un venait à nous en parler ? Tu imagines : tu vas faire des courses au village avec ton grand-père et, en passant devant le marchand de journaux, tu reconnais le nom de ton papa inscrit en grosses lettres sur une affiche. Il n'a pas publié un livre, non : c'est sa mort qui défraie la chronique. Notre grand-père nous tire à l'écart, essaie de nous appâter en parlant caramel ou cornet de glace. Je suis prête à le suivre, mais mon frère ne se laisse pas faire, il refuse de bouger. Il sait lire, lui. Mon grand-père hausse le ton, il le tire par le bras, Martin résiste, il hurle, des visages apparaissent aux fenêtres, et moi je suis là, plantée devant l'affiche, essayant d'en déchiffrer le sens. Qui est cette jeune femme à côté de mon père ? Pourquoi ont-ils tous les deux les yeux fermés ? Et cette voiture, mon Dieu, cette voiture…

Je m'éloigne, personne ne s'en soucie, aspirés qu'ils sont tous par le spectacle de Martin qui refuse de bouger. Je veux échapper à ça, aux cris et à la honte. Échapper aux regards des gens sur mon frère, et sur l'affiche aussi, car tout le monde nous connaît ici — on sait bien que cette femme aux cheveux longs n'est pas notre maman. Je vais me cacher quelque part, dans la rue derrière l'église, il y a un recoin sur la droite, une haie, là-bas personne ne me trouvera.

Mais non. Ça ne s'est pas passé comme ça pour nous, les petits.

Ce fut plus feutré, plus rétréci, comme un pull de laine lavé à l'eau chaude, plus étouffant aussi. L'annonce eut lieu dans notre chambre, à Paris. Nous sommes près de la fenêtre, les rideaux sont à moitié tirés. Je me souviens très précisément des phrases que ma mère utilisa. Elle devait les avoir répétées dans sa tête, tournées et retournées. Comment dire à des enfants de cinq et six ans que leur papa est mort, je te pose la question, comment tu le dirais, toi ?

— Papa a eu un accident de voiture. On l'a emmené à l'hôpital, et il est parti.

Ma mère serrait son mouchoir dans sa main. Je n'ai pas compris tout de suite pourquoi elle prononçait ces mots comme s'il s'agissait d'un scoop : notre père n'était-il pas déjà parti depuis longtemps ? Nous étions habitués à son absence, Martin pourtant éclata en sanglots — c'est alors seulement que je compris qu'il s'agissait d'un départ définitif. Oui, ça pouvait se dire ainsi, notre père avait changé de vie. Il était parti très loin, dans un autre pays. Ma mère s'efforçait de consoler mon frère, une voiture de pompier passa dans la rue. J'avais envie d'aller aux toilettes. J'essayai de me lever, mais j'eus soudain la sensation que le sol s'enfonçait sous mes pieds. J'allais tomber dans un trou sans fin, telle Alice dans le terrier du lapin. Je ne savais pas si c'était agréable ou désagréable, si je devais avoir peur ou me laisser glisser. J'avais l'impression de flotter, les bras surtout, ils étaient légers, légers, et si mes jambes m'entraînaient vers le bas, le haut de mon corps semblait retenu par une main qui m'appelait vers le ciel, mes poumons s'ouvraient, ma nuque s'allongeait, je n'étais plus cette petite fille un peu lourde que tout le monde traitait comme un bébé, j'étais une personne investie d'une histoire qui la transcendait, oui, je me sentais dépassée, grandie par la gravité. Je n'aurais pas pu exprimer cela avec des mots, bien sûr, mais je garde la sensation très forte de cette chute qui ressemblait à un envol, et du bouleversement qu'elle provoqua dans mon ventre. Peu à peu, mon corps se recomposa. Je regardais les rideaux de notre chambre avec des yeux nouveaux. Je n'avais jamais remarqué qu'ils avaient des ourlets aussi larges, comme si les fenêtres pouvaient grandir et nous donner d'année en année un peu plus de lumière. Nos lits étaient défaits, je me souviens des draps qui tombaient sur le lino bleu (non, pas du lino, comment disait ma mère ? Du balatum ?). Je me souviens d'avoir pensé qu'ils allaient se salir, qu'il fallait les border, ranger les peluches, plier les pyjamas, enfin remettre de l'ordre dans notre territoire. Je pris la tête de ma mère entre mes deux mains pour la tourner vers moi, j'avais envie de l'aider à faire les lits, envie de lui dire que nous étions ensemble, tous les trois, et que c'était bien comme ça. Mon sourire se figea. Des larmes coulaient sur son beau visage.

Alors j'ai pleuré le chagrin de ma mère. J'ai pleuré sa voix brisée. Elle m'a serrée dans ses bras, je suis redevenue petite, toute petite, et, à partir de là, je ne me souviens plus de rien.

Plusieurs mois se sont écoulés depuis l'écriture des premiers chapitres. Plusieurs mois de travail et quelques jours de vacances avec les enfants. De retour en Normandie, j'ai raté pour la deuxième fois mon permis de conduire — j'ai calé à trois reprises au même feu vert près de l'hôpital, il y avait beaucoup de circulation, enfin beaucoup de circulation pour une petite ville de province, quelqu'un a klaxonné, l'inspecteur n'a pas apprécié, comme si c'était à lui personnellement que s'adressaient les coups de klaxon. Sa réputation était en jeu. Il regardait autour de lui d'un air excédé. Ses oreilles se sont mises à rougir, puis son cou, puis le feu au moment où je réussissais enfin à redémarrer. Alors, l'inspecteur s'est dégonflé en émettant un sifflement entre les dents. J'ai respiré profondément. Le feu est repassé au vert. Les derniers piétons terminaient leur traversée. Le moteur a toussé un peu, mais n'a pas calé. Il pleuvait, mes chaussures étaient mouillées et la semelle grinçait chaque fois que j'exerçais une pression sur la pédale d'embrayage. L'essuie-glace crissait lui aussi, je crois qu'il allait un peu vite, mais je ne me souvenais plus de quel côté il fallait tourner la manette pour le régler. L'inspecteur m'a dit :

— Garez-vous juste après la laverie automatique, mademoiselle.

Je n'ai pas apprécié le *mademoiselle*. Tu trouves que je suis trop susceptible ? Qu'il fallait prendre ça pour un compliment ? J'avais déjà mis mon clignotant depuis un moment lorsque le scooter m'a doublée par la droite. L'inspecteur a écrasé la pédale du frein.

— Très bien, a-t-il soupiré, on reste en double file, laissez tomber le créneau. Nous allons procéder à un changement de conducteur.

Notre conversation s'est arrêtée là. Le scooter était déjà loin. J'avais conduit onze minutes et trente-quatre secondes. En rentrant à la maison, j'ai trouvé le courage d'écrire un message à Martin pour lui demander de me raconter la mort de son père.

Sa réponse ne se fit pas attendre. Ce n'étaient pas des mots qui s'affichaient sur l'écran, mais de la douleur. Martin ouvrait son passé à double battant pour la première fois devant moi. J'avais tenté, deux ans plus tôt, de lui poser quelques questions au sujet des terribles disputes de nos parents, mais il n'avait pas répondu à ma lettre. N'en avait pas même accusé réception. Ce qu'il me racontait aujourd'hui confirmait mes souvenirs. Lui non plus n'avait jamais entendu, ou voulu entendre, que notre père était mort. Décédé, comme nous avions pris l'habitude de l'inscrire à côté des mots « profession du père » sur les fiches à remplir à l'école en début d'année. D c'est D, équation qui occultait tant de questions derrière sa façade aveugle. Ma mère, m'écrivait Martin dans son message, lui avait

annoncé que Roger était gravement blessé avant d'éclater en sanglots. De là cette idée flottante, vaguement consolatrice, en apparence, qu'il était caché quelque part. Qu'il réapparaîtrait un jour, comme si sa disparition n'avait été qu'une de ces mystifications dans lesquelles il était passé maître. Il nous inviterait à dîner. Regarderait avec fierté son fils aîné.

Martin est anesthésiste réanimateur, c'est ce qu'il fait depuis plus de vingt ans, endormir et réveiller les gens. Il a longtemps travaillé au service des urgences, situation courageuse et privilégiée pour celui qui, au fond de lui-même, espère toujours que son papa reviendra. Quelque chose dans notre histoire est resté figé là, sur le bord d'une route ou près d'un lit défait. Mon frère attend la nuit, il est de garde à l'hôpital. Il guette. Un corps inanimé allongé sur un brancard. Une main qui dépasse, un visage couvert de sang, mais ce ne sont que des blessures légères, non, superficielles ? L'homme est brun avec des cheveux courts, plaqués en arrière, son cœur ne répond plus. Il faudrait un miracle pour que la vie reprenne.

Un miracle, est-ce trop demander ?

Martin y croit, il n'est pas question d'abandonner. Il y croyait déjà lorsque, de sa chambre du premier étage en Normandie, il lançait ses appels dans le monde entier. Il avait construit lui-même son poste de radio-amateur. Les antennes couraient le long du toit. J'admirais ses capacités techniques, sa patience, son acharnement. En passant dans le couloir, on entendait des voix.

— Allô, tchhhh, ici Papa Charlie, tchhhhh, je vous reçois cinq sur cinq, tchhhhh, à vous…

Aujourd'hui, lorsqu'il rentre chez lui, mon frère poursuit ses recherches sur Internet. Si les outils ont évolué, son appétit reste intact. Il passe des heures devant l'écran, il a créé plusieurs sites, dont un sur les chaussures où il expose sa collection personnelle et met en ligne toutes sortes d'informations judicieuses ou insolites sur les beaux souliers. On y trouve de nombreux conseils et la liste des accessoires indispensables à leur entretien : une petite brosse pour la trépointe, une grande en crin de cheval et un chiffon, de préférence un vieux drap ou une chemise élimée qui n'absorbera pas le cirage ni ne brûlera la fleur de la peau.

La crème sert à nourrir le cuir, note mon frère un peu plus bas, si tant est que l'on puisse nourrir les tissus d'un animal mort.

Le lendemain, il repart pour l'hôpital. Je me sens si proche de lui malgré la difficulté que nous avons à nous parler. J'ai l'impression que nous exerçons le même métier sous des formes différentes. Ses responsabilités sont autrement plus lourdes que les miennes, mais la foi qui nous anime est identique. Je l'ai compris un soir en corrigeant le premier chapitre de mon roman sur l'hypnose, et jamais depuis cette intuition ne m'a quittée. Écrire pour réveiller, écrire pour endormir, écrire les yeux fermés, ce sont des phrases qui reviennent souvent lorsqu'on me demande de parler de mon travail. Je ne sais pas comment mon frère réagira à la lecture de ces lignes, mais il me semble que ce fut pour nous le seul moyen de survivre à la double nature de ce père fantôme. Ni vraiment là quand il était présent, ni vraiment absent quand il nous quitta. Un être d'exception, racontent ses amis, et ce n'est pas de la tristesse que je lis dans leurs yeux quand ils parlent de cet homme qu'ils ont aimé, mais de la lumière.

Je me demande si, un jour, je serai capable de partager cette lumière.

Je repense à la haie près de l'église du village. Au visage de mon grand-père maternel, celui qui nous avait gardés après l'accident. Il m'appelait « la Grosse », et tout le monde trouvait ça normal. Ce n'était pas méchant. Il y avait bien la Blanche, dans l'étable, Musette et Sérieuse dans les champs derrière la maison. J'ai toujours eu beaucoup d'affection pour les vaches. J'aimais leur odeur. Je me demandais comment elles faisaient pour transformer les prés en lait, le vert en blanc, et la journée en un territoire paisible où jamais elles ne semblaient s'ennuyer.

Dans moins d'une heure, les enfants sortiront de l'école. En attendant, je relis des notes et retrouve un texte de Michel Déon qui parle de mon père. « Peut-être pouvons-nous commencer à croire à sa mort », écrit-il un an après l'accident.

Puis, plus loin : « Il faut pourtant maintenant se convaincre. Une si longue absence est irrémédiable. »

Je souligne cette dernière phrase. J'aimerais l'envoyer à Martin, mais quelque chose m'en empêche. J'ai peur de le blesser.

L'hiver de mes 10 ans, je suis tombée par hasard sur la photocopie jaunie du testament de mon père. Le texte tenait sur une page dactylographiée. Il était sans ambiguïté. Le signataire léguait la plupart de ses livres et sa collection d'armes à des amis. À une femme dont j'ai oublié le nom allait sa voiture, qui était rouge, précisait-il, au moment où il rédigea le document. Son fils Martin héritait de l'édition complète des œuvres d'Alexandre Dumas et des dix-sept volumes de son dictionnaire Larousse du XIXᵉ siècle, ainsi que du droit moral concernant son œuvre, lorsqu'il serait en âge de l'exercer. Et moi, bernique.

J'ai froissé la feuille, très serré, et je l'ai jetée dans la cheminée. La boule avait du mal à se consumer. Je l'ai poussée dans les braises avec la pince. Pourquoi mon père ne m'avait-il rien laissé, aucun objet, aucune responsabilité ? Cela me semblait impossible, il y avait une erreur, quelque chose qui m'échappait. J'ajoutai une bûche. De la cagette. Encore du papier. Le bois n'était pas tout à fait sec, il lâchait de petites bulles qui ressemblaient à de la salive. Et si je n'étais pas la fille de Roger Nimier ? Si j'étais, je ne sais pas, moi, la fille de ce champion de saut à la perche que l'on voyait s'envoler à la une de *L'Équipe* ? Voilà qui aurait tout expliqué. Et l'impasse du testament, et les disputes à la maison. La page du journal était affichée sur la porte du placard à linge, je m'étais toujours demandé ce qu'elle faisait là. La photo était dédicacée, une signature toute ronde, presque enfantine, avec un cœur à la place du point sur le *i* du prénom.

Le perchiste, être la fille d'un perchiste, ça donnait quoi ? Je ne doutai pas un instant que ce père-là fût vivant, ce qui lui conférait par rapport à l'autre une indéniable supériorité. Et les questions reprenaient. Je me demandais de quoi j'hériterais s'il venait à mourir. De ses chaussures ? De sa perche ? Où la mettre si j'en devenais propriétaire ? Serais-je obligée de vivre dans un appartement de six mètres sous plafond ? Ces objets-là se démontent-ils, sont-ils télescopiques, comment les transporter, comment fait-on dans les avions ?

Cette idée me poursuivit jusqu'à la fin des vacances. Je regrettai d'avoir brûlé le testament de mon père. J'avais peur que ma mère le cherche en vain. Peur d'avoir à lui mentir.

De retour à l'école, il fallut bien me rendre à l'évidence. Changer à nouveau de corps. D'échelle. Repasser de la perche au stylo. De la fibre de verre à la plume d'acier. Mon père n'était pas un sportif de haut niveau, mais un écrivain *prématurément disparu*, comme tout le monde pouvait le lire dans le dictionnaire. Il n'y avait qu'à mettre nos deux photos l'une à côté de l'autre pour en être convaincu. Nous portions le même nom, le même front et la même souffrance.

Même à dix ans on doit être capable de ça. De reconnaître ça. Ils me regardent toujours avec une certaine curiosité, ceux qui l'ont connu, retrouvant dans la jeune femme les traits de Roger Nimier. Jusqu'aux gestes des mains, ils voient la ressemblance. Nimier au féminin, c'est de l'inédit, jamais ils n'auraient imaginé que ce fût possible. Mais à 10 ans, les amis de mon père, je ne les connaissais pas. Ils ne venaient jamais à la maison — il faudra attendre la publication de mon premier roman pour que je mette des visages sur certains de ces noms qui, de loin en loin, étaient prononcés autour de moi, constituant peu à peu le noyau de la sphère paternelle. Une sphère énigmatique, sur laquelle flottait une étiquette tout aussi énigmatique — ce mot *Hussard*, j'y reviens, qui me semblait appartenir à un autre siècle. L'absence des amis de mon père explique peut-être la facilité avec laquelle j'ai projeté mes rêves sur le perchiste. Je garde de ces vacances d'hiver un souvenir heureux. Jamais je ne me suis autant occupée de la cheminée. Les autres partaient se promener et moi je restais là, devant le feu, à rêver. Ainsi était le père que je m'étais choisi. Un corps propulsé dans les airs. Un corps athlétique, harmonieusement développé, au torse puissant moulé dans un débardeur minimal. Un corps d'acrobate aux veines saillantes doté de petites chaussettes blanches parfaitement tirées sur ses chevilles fines, des petites chaussettes paisibles, dégagées de toutes les responsabilités inhérentes à leur position périlleuse. Pas un pli, rien à signaler de ce côté-là, aucune faille apparente. Le talon d'Achille du perchiste, pourtant, ce ne sont pas ses épaules ou son dos, comme on pourrait le penser en regardant la photo, c'est son talon, justement, ou son tendon peut-être, au moment de la prise d'appel, son tendon ou son talon, les deux sans doute, qui doivent supporter, quand la course est arrêtée par le butoir dans lequel est plantée sa perche, plusieurs centaines de kilos (tu calcules, m'avait expliqué mon frère aîné, ça se résume en une formule, $E = mc^2$, on comprend ce qui trinque, comme si tu testais la résistance de ton nez en courant droit sur un mur).

Je ne suis pas sûre d'avoir retranscrit fidèlement son explication, mais toujours est-il : le pied se charge, les fibres se déchirent, les petits os se fendillent — ainsi s'arrête net la carrière du champion.

Nous y revoilà. Prendre son appel, comme on prend sa respiration, et rester bloqué là-haut. Trop ambitieux pour redescendre. Trop lourd pour franchir la barre fatidique des cinq mètres, le point sublime alors, que tout le monde essayait de dépasser. Gondolier sans gondole, accroché entre ciel et terre : mon père n'a pas trente ans lorsqu'il décide d'arrêter d'écrire des romans. Alors qu'il figure parmi les dix meilleurs romanciers français, selon une enquête publiée dans les *Nouvelles littéraires*, il interrompt délibérément sa course. Cette décision lui a été soufflée par un ami, de quarante ans son aîné. Chaque jour, pendant des années, ces deux-là se sont écrit. Le correspondant s'appelle Boutelleau, Jacques Boutelleau, on le connaît sous le nom de Jacques Chardonne. « Vous êtes un auteur rare, lui confie ce dernier, un auteur rare qui coule à flots. Chez vous, on est comme dans un musée où il n'y a pas de chaise. Bref, je suis suffoqué. »

Jouer aux chaises musicales, sans les chaises — juste la musique. Les chaises musicales, qui n'a pas joué aux chaises musicales ? Cet empressement, ces cris, et ce mélange d'excitation et de frayeur quand la musique s'interrompt. De quoi veux-tu parler ? De mon père, du silence de mon père. De la longue nuit qui a précédé sa mort. De ce temps suspendu qui a vu naître ses enfants. Alors on y va. On met de côté le perchiste et les chaises manquantes. On ne laisse plus filer. Il n'est pas indifférent de noter que Jacques Chardonne, quand il parle de silence, sait de quoi il parle. C'est un écrivain qui a connu, dès le début de son œuvre, de longues périodes d'aridité, de *tarissement absolu*, pour reprendre ses propres termes. Un écrivain qui, à l'époque où il écrit à mon père, se demande s'il a encore des livres devant lui. Avec insistance, et non sans fierté, il explique à qui veut l'entendre qu'il a prescrit à Roger Nimier dix ans de réclusion. *Réclusion*, c'est le mot qu'il choisit. Un autre Nimier doit en sortir, ajoute-t-il. La vie littéraire est très longue. Un écrivain doit mourir et ressusciter.

Jacques Chardonne se serait-il trompé ? Mon père est mort, et, à ma connaissance, il n'a pas ressuscité.

Ce matin, ma cousine m'a envoyé une longue chronique sur Dashiell Hammett, le père fondateur du roman noir américain, auteur de *La moisson rouge* et du célèbre *Faucon maltais*. Elle avait pensé à moi en lisant ce texte. À mon travail en cours.

J'appris que Dashiell Hammett avait deux filles, Mary et Josephine. Dans ses lettres, il les appelait ses microbes, ses princesses, ses bécassines. J'essayai de me souvenir des petits mots que mon père employait pour s'adresser à moi. Rien de comparable, à l'évidence. J'étais pour lui la Reine du silence, surnom ô combien poétique qui me laisserait pourtant un mauvais goût dans la bouche, un goût de fer et de sang. Quelle reine pouvais-je bien être dans son esprit, moi qu'il avait déjà nommée Marie et Antoinette sur les registres de l'état civil ? Une reine silencieuse, une reine à qui on va couper la tête...

La suite de l'article évoquait curieusement le parcours de Roger Nimier. Dashiell Hammett n'a pas 40 ans lorsque, en pleine effervescence littéraire, il abandonne l'écriture. Qu'a-t-il fait après ? Quel métier a-t-il exercé ? Dashiell, de son vrai nom Samuel Hammett, avait interrompu ses études à la mort de son père. Il avait 14 ans. Quel âge avait mon père lorsque le sien fut emporté par la maladie ? 14 ans, n'est-ce pas ? Il faudra que je vérifie. Que je recompte. J'ai toujours un moment de doute quand il s'agit de parler de mon père de façon précise — quand il faut dire sa date de naissance, celle de son accident ou le nombre de livres qu'il a publiés. Les chiffres ne s'accordent pas à l'image que je me suis forgée de lui. Une image floue, comme reflétée dans un miroir enduit de pommade. Au-dessus de son corps flottant n'apparaît qu'une vague idée de visage. Un visage marqué par les mots des autres. Un visage que je sais, mais que je ne vois pas, que je n'arrive pas à voir.

Des mots ? Lippe boudeuse, regard par en dessous, yeux verts, changeants, casquettes étranges, dents inégales, quoi encore ?

Il m'est beaucoup plus facile de me représenter mon grand-père, Paul Nimier, que je n'ai pourtant jamais rencontré. Je ne connais que deux photos de lui, et sur les deux photos il porte le même chapeau mou et une moustache rectangulaire, taillée en brosse, très fournie. Il est mince, un peu rigide. Il a l'air gentil. Modeste. Du genre à s'effacer pour laisser passer quelqu'un dans l'escalier.

Nombreux sont les écrivains qui ont vu mourir leur père alors qu'ils étaient enfants. Cette perte prématurée serait-elle une petite machine à fabriquer, alternativement, de l'écriture et du silence ? De l'écriture, dans un premier temps, pour combler le vide, puis du silence pour se faire pardonner d'avoir volé la parole paternelle, de s'en être emparé ? Tant que les écrits restent confidentiels, on s'arrange, mais dès que l'on atteint un certain degré de notoriété, les choses se compliquent. L'attention que l'on te porte n'est-elle pas usurpée ? Qui es-tu pour mériter de tels éloges ? Il faudrait établir la liste de tous ces écrivains sans père. De ces écrivains qui se retirent, se mettent à l'écart, et voir s'il y a une corrélation. Mais est-il encore écrivain, celui qui n'écrit plus ?

Est-il encore romancier, celui qui n'écrit plus de romans ?

La réponse est évidente. On a pu lire des livres entiers sur le sujet, des livres merveilleux sur le renoncement littéraire qui serait, pour certains, le suprême aboutissement de leur carrière artistique. Bien entendu, il reste écrivain, le lecteur est confiant, mais pour le principal intéressé, celui qui sèche devant la page blanche, ou la laisse volontairement de côté, la question se pose de façon plus douloureuse.

Est-il bien nécessaire d'ajouter un titre à la liste interminable des romans de la rentrée ? se dit-il lorsque plusieurs années le séparent de son dernier ouvrage.

Il commence, dix fois. Prend des notes. Se réveille la nuit avec une idée lumineuse qui au matin perd son éclat. Ses amis n'osent plus lui demander où il en est, par délicatesse sans doute, pour ne pas le froisser. Ils font mine de s'intéresser à ses travaux annexes, et puis, peu à peu, ils se surprennent à s'y intéresser vraiment. Au cinéma comme dans les journaux, on a besoin de gens qui savent construire des phrases. Le centre se déplace, et le monde s'engouffre : ainsi meurt l'écrivain, enseveli sous les textes de commande.

Je repense à mon père, au silence de mon père. Je pense à son désarroi en lisant les lettres de Jacques Chardonne. Je pleure son silence comme jamais je n'ai pleuré sa disparition. Comment est-il possible, à 29 ans, de prendre ce genre de décision ? Qu'est-ce qu'on se dit alors ? Qu'on n'a pas de talent ? Trop de talent, au contraire, trop d'esprit, et pas assez de quoi ? de succès ? Qu'on aurait dû avoir le Goncourt ? Que les autres ne savent pas lire, pas apprécier, que l'on en a assez d'être compris de travers ? Que le silence est la seule façon de dissiper un malentendu ? Que toutes les chaises sont occupées, comme le souligne son biographe, par ceux qui vivent de la crise même de la littérature, qui en ont fait leur miel, leur sujet d'élection ? L'année où mon père prononce son arrêt, Barthes signe *Le degré zéro de l'écriture*, et l'on publie *Les gommes* de Robbe-Grillet. Il faudra vérifier les dates, mais en gros, oui, les gommes, le degré zéro, au moment où mon père s'efface.

Que se dit alors Roger Nimier ? Qu'il a raté le train de la modernité ?

Mon père continue à travailler, bien sûr, il faut gagner sa vie. Il écrit des critiques, des préfaces, des articles, des fiches de lecture, un essai, quelques scénarios. Et puis des lettres, chaque jour, beaucoup de lettres à des amis. Il n'a même jamais autant écrit, si l'on compte le nombre de pages échangées. Il s'invente des personnages et, faute de les mettre en scène dans un récit, il les incarne. On le dit facétieux — il est inconsolable. Si quelqu'un de son entourage l'avait poussé à revoir sa décision, il l'aurait écouté. Il se serait engouffré dans la parole de l'autre. Il aurait peut-être suffi d'un lecteur, d'un seul lecteur. J'aurais aimé être celle-là qui aurait trouvé les mots pour lui redonner confiance dans le roman. C'est une forme généreuse à ceux pour qui vivre ne va pas de soi. Il semblerait que personne n'ait tenu ce rôle de façon convaincante. Ses amis écrivains attendent de lui une œuvre qu'il n'est peut-être pas en mesure de construire, on craint la stérilité, l'impuissance, la paralysie, alors on préfère respecter sa volonté. Parfois, le respect ressemble à de l'indifférence, de la lâcheté, et les gants de satin à des gants de boxe. *Exit* Nimier, le gros Nimier, l'encombrant Nimier. Bon débarras, ça fera de la place pour les poids légers.

L'année dernière, au journal de 13 heures, était interviewé l'alpiniste Walter Bonatti. Il venait de publier un livre sur son ascension du K2, dans laquelle il avait failli trouver la mort. Il déclarait à l'antenne, et cela me parut incongru dans la bouche d'un alpiniste : le succès n'est jamais pardonné. J'ai noté cette phrase dans un coin et je la comprends seulement aujourd'hui. Mon père aurait-il lui aussi été victime de son ascension trop rapide ? Serait-il mort asphyxié par la jalousie plus ou moins consciente de ceux qui prétendaient être ses amis, maîtres taris, écrivains obsolètes ? On le lui dit, on le lui répète, Jacques Chardonne a ouvert une brèche dans laquelle s'engouffrent ses pères adoptifs : vous êtes né avant terme, il faut vous

50

retirer, laisser décanter, ne pas suivre l'exemple de ces talents trop jeunes qui font mousser la mousse. Il faut mettre sa plume de côté pour la laisser mûrir.

Ce sont des hommes qui écrivent ces mots, mais les femmes, que disent les femmes ? Connaissent-elles cette phrase de Sainte-Beuve que mon père aimait à citer, comme s'il n'était pas dupe ? « On durcit à de certaines places, on pourrit à d'autres ; on ne mûrit pas. »

Oui, les femmes savaient ça, qui voulaient briser le silence. Elles se plaignent souvent du mutisme de Roger. J'ai dans mon bureau une boîte d'archives remplie de ces courriers qu'elles lui envoyèrent, dans l'espoir de recevoir autre chose qu'une pirouette en guise de réponse. Elles dressent un drôle de portrait du jeune homme qu'il était. Je les ai parcourues pour la première fois il y a quelques mois, de façon nerveuse, impatiente, sans pouvoir en prendre vraiment connaissance. Cette boîte a longtemps été entreposée dans les sous-sols des éditions Gallimard. Elle a trouvé ensuite une place chez mon frère, sous son lit. Drôle de compagnie. Dormir sur un matelas de lettres d'amour et de détresse. Des lettres adressées à son père disparu. Il y a de quoi se lever courbatu.

Le soir avec les enfants, nous lisons *Les aventures de Pinocchio*. Nous en sommes presque à la fin du récit, lorsque la marionnette découvre Geppetto dans le ventre du requin. Le vieil homme, avalé par mégarde un jour de tempête, est assis à une table éclairée par la flamme vacillante d'une bougie. Ses pieds clapotent dans une eau visqueuse. Il mâchouille des petits poissons vivants qui parfois réussissent à s'échapper de sa bouche.

Lorsqu'il reconnaît son père, Pinocchio est tellement surpris qu'il en perd l'usage de la parole. Il n'arrive qu'à balbutier confusément, à crachoter des bribes de phrases qui ne veulent rien dire. Enfin, il parvient à articuler :

— Oh mon petit papa, *babbino mio*, je vous ai enfin retrouvé. Plus jamais je ne vous quitterai maintenant, plus jamais, plus jamais !

Plus jamais, plus jamais, ma voix se casse en prononçant ces mots. Les enfants me poussent du coude. Ils n'aiment pas quand je m'interromps entre les phrases. Ils veulent savoir la suite. Le père enlace Pinocchio. Vont-ils mourir noyés dans les bras l'un de l'autre ?

Il est l'heure de dormir, l'heure pour moi de retourner à ma table de travail. Élio supplie : Encore une page, maman, tu ne peux pas nous refuser ça. Merlin se blottit contre moi en imitant les plaintes d'un petit animal. Je reprends la lecture, une page, puis une autre. Geppetto ne sait pas nager, mon père non plus ne savait pas nager. Il avait peur de l'eau. Peur de la mer comme on a peur du vide, lui qui était si fier de ses origines bretonnes, allant jusqu'à s'inventer des ancêtres corsaires pour faire oublier son enfance parisienne. Moi, je nage bien et surtout j'aime nager, mais je n'ai toujours pas mon permis de conduire, et les garçons font la moue lorsque Franck est absent et qu'il faut aller à la piscine à vélo.

Le récit se poursuit. Face au danger, Pinocchio recouvre ses esprits. Il s'apprête à braver les éléments en portant son père sur son dos. Il ne se laisse pas impressionner par le vent qui gronde au-dehors. J'aimerais avoir sa force. Sa détermination. J'en suis aujourd'hui encore au stade précédent, dans cette phase préliminaire où l'on cherche ses mots. Où l'on crachote des bouts de phrases. Tu ne me crois pas ? Un jour, je te montrerai mes brouillons, mes premiers jets, comme on dit, pour rester dans la métaphore aquatique, ceux qui sont écrits à la main, tu comprendras l'état de confusion qui m'habite alors que péniblement j'avance sur le chemin de la reconnaissance. Là, évidemment, devant les phrases imprimées, tout paraît facile. Pas de rature ni de renvois dans les marges. Le texte coule comme s'il allait de soi. C'est peut-être mieux ainsi. On ne veut pas voir le travail. On ne veut pas voir les contorsions. Ni savoir qu'au lieu de *contorsions*, j'avais écrit *contrition* et, avant encore, *repentir*. D'ailleurs, *repentir* était bien, qui disait à la fois le remords et la correction.

Mon ordinateur fait un drôle de bruit, comme s'il claquait des dents. Ce sont les os qui craquent, les squelettes qui se retournent, ils n'aiment pas être dérangés. Rappeler un mort à la vie, c'est mettre en doute son caractère immortel. Je repense au corps de Pinocchio soutenant celui de son père pendant qu'ils traversent le ventre du requin. Ils se retrouvent sur la langue du monstre, derrière trois rangées de dents. La langue du monstre... Voilà qui ferait un titre, je l'inscris au dos d'une chemise.

J'entends les petits pas de Merlin sur les tomettes du couloir. Il s'est relevé pour aller aux toilettes. Il passe la tête dans mon bureau, je lui adresse un signe de la main. Il me dit : Bon travail, maman, dors bien, à demain. Et il repart sur la pointe des pieds.

Vers minuit, mon ordinateur s'est calmé. Il a claqueté pendant deux bonnes heures et, soudain, il s'est tu. Je me demande si tous les pères, à un moment ou à un autre de l'histoire familiale, font figure de monstres. Si certains échappent à la malédiction. J'aimerais que quelqu'un me raconte ce que c'est que d'avoir ses deux parents. Un papa lorsqu'on a 13 ans, 19 ans, 38 ans. Un papa qui n'est plus un jeune homme. Un papa qui est toujours nettement plus vieux que toi. Je n'arrive pas à me concentrer sur cette idée. Je n'arrive pas à imaginer. Un papa qui dit à son fils, comme dans ce film russe que je viens de voir avec une amie : « Je te donne deux minutes pour finir ta soupe et ton pain. »

Un papa qui joue à l'avion. Un papa que l'on n'attend pas. Un papa qui quoi ?

Je vais à mon tour dans la chambre des enfants. Élio est profondément endormi, serré contre ses peluches. Merlin a repoussé les couvertures et remonté l'édredon. Il aime l'odeur des plumes. L'album est ouvert sur sa table de nuit à la page où nous nous sommes arrêtés. On y voit Geppetto et ses cheveux de crème fouettée, un poisson s'échappant de sa bouche. Mystère de la création. Mystère de la paternité. Comment ça marche, un père ? De quoi c'est fait ? De quelle matière ? Du tergal, du velours, du papier de verre ? Comment sont ses chaussettes ? Ses genoux ? Comment tombent ses pantalons ? Où range-t-il ses clés de voiture ? Et ses factures d'hôtel, où sont-elles ? C'est quoi ce son, papa, ces deux négations collées, quoi ces cris que l'on entend de loin ? Quoi ces larmes que l'on retient ? Jusqu'ici je me suis débrouillée toute seule avec le peu d'éléments qui étaient à ma disposition, mais je vois bien que des phrases comme celle de Pinocchio (« Mon petit papa, jamais plus je ne vous quitterai. Jamais plus, jamais plus ») me troublent plus que de raison. Je baisse les yeux, en proie à une émotion qui mettra plusieurs heures à se dissiper. Une peur terrible, invalidante, qui me saisit chaque fois que l'on me parle de Roger Nimier.

J'écris souvent dans le Rouen-Paris. C'est une ligne propice aux divagations. Je prends ce train plusieurs fois par semaine, j'y ai mes habitudes, je m'y sens comme à la maison. Beaucoup de gens dorment, surtout au retour, moi, je noircis des pages, mais il est rare que je les relise. Elles m'encombrent plus qu'elles ne m'inspirent, elles appartiennent à un moment précis, un temps donné. Sur l'une d'elles cependant, je retrouve des notes qu'il serait dommage de laisser de côté. Je ne me souviens pas d'avoir tracé ces mots. Par exemple : Roger Nimier avait une culture monstrueuse, une capacité de travail phénoménale, un appétit d'ogre et un cœur trop gros.

Ou encore : Roger Nimier, pour la petite fille que j'étais, était un homme dangereux. Physiquement dangereux.

Physiquement était souligné. Puis raturé.

Ici, tout de suite, sans attendre, parce que sinon tu ne le feras jamais : tu devrais dire le canapé du salon éventré par ton père à coups de couteau, les scènes de jalousie, les menaces, la bougie renversée, comme celle de Geppetto, qui faillit mettre le feu à la bibliothèque.

Tu devrais dire la collection de soldats de plomb, les armes posées devant les livres, le pistolet braqué sur la tempe de ton frère — je n'étais pas encore née, c'est ma mère qui m'a appris ça l'année dernière, elle a tout déballé, là, sur le parquet de bois clair, un long monologue qui me laissa sans voix et infiniment reconnaissante qu'elle ait trouvé le courage de rompre le silence.

Voilà comment les choses se sont passées. Ou plutôt : voilà ce que ma mère m'en raconte. Martin était dans son berceau, au pied du lit conjugal. Mon père a sorti un pistolet de sous son oreiller et l'a placé sur la tempe de son fils. Martin ne pleurait pas. Non, ce n'est pas parce qu'il pleurait que mon père a fait ce geste terrible. Et même s'il avait pleuré, c'est stupide ce que tu dis là, même s'il avait pleuré ?

Mon père avait de drôles de façons d'exprimer sa tendresse.

De drôles de façons de marquer son affection, sur le cou de ma mère, par exemple, quelques années plus tard, ces empreintes de doigts de chaque côté de la trachée… Quelle heure pouvait-il être ? Il y avait une lucarne dans les toilettes qui donnait sur la cage d'escalier. J'essaie de voir mon père, de l'imaginer, mais une fois de plus ce ne sont que des mots qui viennent à mon esprit. Mon père claquant la porte d'entrée. Mon père se laissant glisser contre le mur, il est assis par terre sur le palier, la tête dans les mains. J'aimerais pouvoir le consoler. Je lui trouve toujours des excuses. Mon père encore, pardessus jeté sur l'épaule, descendant les marches d'un pas excessivement prudent. Nous habitions au quatrième étage sans ascenseur. Mon père perdant l'équilibre. Son corps s'affalant lourdement et ma mère se précipitant vers lui, tentant de le soulever, de le traîner à l'intérieur, alors je sors des toilettes, je veux aider cette fois, tu comprends, je veux me rendre utile, mais mon père m'aperçoit, je ne sais plus ce qu'il lance, de quel nom il me traite, je ne veux plus savoir. Le lendemain, ça sent mauvais dans l'entrée.

Il faudrait rappeler que mon père buvait beaucoup. Suggérer qu'une petite fille face à un homme saoul, ça ne fait pas le poids, fût-il un grand écrivain, l'un des dix meilleurs écrivains de sa génération. Je n'ai pas envie d'entrer dans les détails, pas seulement par respect, ou par pudeur, mais parce que autour de mon père et de ses amis il y a déjà tant d'anecdotes spectaculaires que ceux-ci ne feraient que nourrir une légende qui me dégoûte un peu. J'ai envie de raconter des petites choses. De celles qui ne s'échangent pas en deux mots, debout, un verre à la main, dans les jardins d'un hôtel particulier. Des trucs pas intelligents, pas spirituels, pas brillants, où l'on ne sourit pas à la fin en s'exclamant « Quel personnage ! ».

Ni même : « C'était tout lui. »

Des trucs qui n'ont pas leur place dans les colonnes des revues littéraires. Des trucs qui ne font pas mousser la mousse, comme diraient ses amis. Je repense à l'œuf au plat en plastique. *A priori* ça n'a rien d'exaltant, un œuf au plat en plastique.

Alors quoi, tu veux raconter quoi ?

J'étais seule à la maison avec lui à Paris — non, pas vraiment seule, une jeune fille était censée s'occuper

58

de moi. Je crois qu'elle s'appelait Sylvie, je n'en suis pas certaine, j'ai entendu parler récemment d'une Sylvie qui nous avait gardés quand nous étions petits, une Sylvie originaire de Poitiers.

Où étaient les autres membres de la famille ?

Loin, partis, absents. Je me revois devant le meuble en bois clair où nous rangions nos jouets. Dans les tiroirs du bas étaient stockées les provisions pour la dînette et, juste au-dessus, la vaisselle et les gobelets miniatures. Mon père n'avait pas déjeuné, il était resté tout le temps assis à sa table de travail, entre les deux fenêtres du salon. Il devait avoir faim. Je m'étais mis en tête de lui préparer à manger. C'est ici qu'intervient l'œuf au plat. Il atterrit au centre de l'assiette avec son jaune bien jaune et son blanc vernissé, que vint compléter une flaque de petits pois agglutinés. Le reste, je le devine plus que je ne m'en souviens, parce que mes enfants il n'y a pas si longtemps ont accompli ces mêmes gestes : sur un plateau emprunté dans la cuisine, dresser le couvert, nouer un torchon autour de sa taille et entreprendre la traversée de l'appartement en s'appliquant à ne rien renverser. De la cuisine il fallait passer dans le couloir, puis la salle de bains, puis l'entrée, pour enfin parvenir à la chambre des parents séparée du salon par une double porte vitrée. Là, me tournant le dos, était assis mon père. Je jetai un coup d'œil sur mon chargement. Tout était à sa place. Je respirai un grand coup et m'arrêtai à côté de lui.

Qu'est-ce que tu vois ?

Je vois une masse. Un parallélépipède rembourré et des papiers partout, des livres, un buvard tendu sur un morceau de bois taillé en demi-cercle, une espèce de

tampon qui ressemblait au hachoir de ma grand-mère
— je me demande où sont passés ces objets après
l'accident. Je suivais son stylo des yeux qui continuait à
avancer sur la page comme si de rien n'était, traçant
des signes incompréhensibles. Enfin, après un temps
qui me parut très long, la plume s'immobilisa.

— Quoi encore ? dit mon père d'une voix sourde.

Je regardai mes pieds, la moquette rouge foncé,
usée aux endroits de passage.

— Quoi encore ! répéta-t-il, un ton plus haut.

Mon père ne restait pas souvent à la maison, comme
ça, toute une journée à sa table, en général il était au
bureau. Où est papa ? Il est au bureau. Papa est déjà
parti ? Oui, il est parti au bureau. Papa est au bureau ?
Oui, je crois bien qu'il est au bureau. Ce doit être le
mot que j'ai entendu le plus souvent dans ma petite
enfance lorsqu'il s'agissait de mon père. Le mot
« bureau ».

Je posai mon plateau à côté des livres. Pourquoi ne
faisait-il pas semblant de manger ? C'est comme ça
dans les squares, quand on confectionne sur un rebord
en béton des gratins d'herbe et de mégots, et de
même sur la plage, les adultes se doivent de goûter nos
préparations. C'est dans le contrat familial, comme les
conversations avec les animaux en peluche ou la lecture avant de s'endormir. Sans doute mon père n'avait-
il pas été mis au courant. Ou répugnait-il à ce genre de
rituel, lui qui pourtant était connu pour son sens de la
blague et des mises en scène. Ne s'était-il pas déguisé
en chauffeur de maître pour aller chercher Antoine
Blondin au commissariat, un jour de Noël ? Mais avec
moi, sa fille, c'était différent. Je ne faisais pas partie de

la bande. Je n'étais pas un garçon. Nous ne jouions pas dans la même cour. Je dérangeais, voilà, je devais pousser mes *machins*, comme il répétait d'un air excédé, mes *machins* gênaient. N'était-ce pas l'heure de la sieste, où était passée la jeune fille ?

Justement, Sylvie venait me chercher — elle est sur le seuil de la pièce, elle n'ose pas entrer, elle doit avoir reçu des ordres. Mon père se radoucit soudain. Il dit à Sylvie qu'elle peut venir, qu'il ne va pas la manger, et, me prenant la main, dépose un petit baiser dans ma paume. Je referme les doigts. Je suis la petite fille la plus heureuse du monde.

Quelques heures plus tard, après la sieste, le plateau a repris sa place dans la cuisine. Où est passée la dînette ? La porte du salon est ouverte à double battant. La chaise de mon père, désertée. Je m'avance prudemment, comme si je m'attendais à le voir surgir de derrière les rideaux. Mais non, mon père ne me fait pas une farce, c'eût été trop beau. Il a disparu. Il est sorti. Je l'ai interrompu dans son travail, je suis une mauvaise fille, plus que jamais un truc qui gêne. Si mon père n'arrive pas à écrire, c'est à cause de moi. À cause de nous, les enfants, qu'il passe sa vie loin de la maison, ou dans cette chambre mystérieuse qu'il occupe au cinquième étage.

Je retrouve l'assiette en plastique dans sa corbeille à papier, parmi les brouillons et les bouteilles de bière. L'œuf au plat est resté sur la table. Il a servi de cendrier. Un mégot est planté à angle droit dans le jaune, creusant un cratère dans le plastique calciné.

J'ai appris récemment que mon père fumait très peu.

Comme je me débattais avec des rêves d'une violence extrême, l'année dernière, juste avant que je ne tombe malade, j'avais écrit à mon demi-frère pour lui demander quelles impressions il gardait de son retour à Paris — non plus après l'accident de voiture, cette fois, mais avant, lorsqu'il avait quitté Saint-Quay-Portrieux. Avait-il des souvenirs de bagarres, de scènes auxquelles j'aurais assisté et qui auraient pu expliquer ces cauchemars récurrents ? Des événements que ma mémoire aurait effacés — comme si, j'y pense aujourd'hui, ce que j'avais déjà en stock ne suffisait à justifier les images qui m'assaillaient.

La réponse de Hugues me bouleversa. Je le sentais si proche. Depuis ma visite à La Rochelle, nous ne nous étions pas reparlé. Les confessions tardives se heurtent à des remparts trop solides pour être balayés en une conversation. Il a fallu survivre jusque-là, on a fait comme on a pu, muré telle fenêtre qui donnait sur le vide, étayé ici, condamné là où la lumière était par trop aveuglante. Il n'avait jamais, m'écrivit-il en réponse à ma lettre où je parlais de mes cauchemars, eu le sentiment d'appartenir à une famille, à une fratrie — pas de temps fort, d'émotions qui auraient cristallisé cette entité, comme dans les feuilletons à la télé. Plutôt une impression d'anesthésie, c'est le mot qui lui venait à l'esprit en évoquant cette époque, *anesthésie*. Le souvenir d'avoir croisé une mère avec un complice en coulisse, une sorte de héros nimbé de la distance propre au mythe, de son ironie (une autre manière d'imposer cette distance) mais aussi — et voilà ce qui m'a émue, et rassurée après tous ces rêves où mon père apparaissait sous les traits les plus menaçants — Hugues parle de l'affection de Roger à son égard. Il lui consacrait de vrais moments, lui apprenant un jeu de cartes, l'initiant à *Arsène Lupin*, lui parlant de voitures de course. Il se souvenait aussi du bain qui coulait, oui, quand mon père rentrait du bureau, c'est-à-dire de chez Gallimard, ou d'ailleurs, qu'est-ce que j'en sais, il prenait un bain.

Des malheurs ? Sans doute, mais toujours en sourdine, écrivait encore mon frère aîné, étouffés sous un tampon de coton hydrophile : notre mère qui se dirige en sanglotant au milieu de la nuit vers la chambre du fond, celle où je dormais avec Martin ; des insultes prononcées entre les dents, à voix si basse qu'on pouvait douter de les avoir entendues, l'annonce de la mort de son premier petit frère, Guillaume, encore que cela lui parût bien lointain.

Guillaume ? Celui qui, par son arrivée dans le corps de ma mère, précipita le mariage de mes parents. Ou, pour présenter les faits de façon moins naïve : ma mère tomba enceinte, mon père l'épousa, puis la quitta sur les marches de la mairie, la laissant se débrouiller avec son gros ventre.

Guillaume naquit avec du retard. Il était énorme. Sa disparition tragique, deux jours après sa naissance, ramènerait mon père au chevet de ma mère mourante.

J'ai appris récemment que mon père avait eu un frère aîné qui était mort de la même façon, à la naissance. Sans doute aurait-il suffi que sa mère en parle à la mienne pour que Guillaume soit sauvé. Il aurait été indispensable de suivre un traitement particulier, de surveiller la grossesse, enfin de prendre en compte les risques dus à cette sombre hérédité. Là aussi, le silence aura imposé sa loi mortifère. Ou non. Il ne faut pas encore parler de Guillaume. Il faut d'abord parler des survivants. Il faudrait dire que j'ai, que nous avons, mon frère Martin et moi-même, été élevés dans l'idée que nous étions les fruits d'un grand amour. Ce sont toujours ces mots qui revenaient lorsque ma mère évoquait le passé, lesfruitsd'ungrantamour. Je n'ai su qu'à 25 ans que mes parents étaient en train de divorcer au moment de l'accident. C'est une amie qui me l'a appris. Ma mère avait demandé la séparation de corps, séparation qui lui avait été accordée sans discussion au vu des pièces versées au dossier. Il y avait eu ces marques bleues sur son cou, c'était consigné quelque part dans un registre de police, et la tentative de suicide (ça aussi, il faudra que tu en parles, l'histoire se précipite), sans doute d'autres choses encore que je ne saurai jamais. Ma mère avait peur de son mari, elle voulait nous protéger de lui. N'avait-il pas menacé à plusieurs reprises, et devant témoin, de nous enlever sous prétexte qu'elle ne s'occupait pas bien de nous ?

C'est sans doute pour nous protéger également que notre mère a reconstruit l'histoire à la mesure de ce qu'elle désirait pour ses enfants, nous gardant éloignés de tout ce qui aurait pu casser l'image du couple idéal. Je ne lui en veux pas. Je suis fille de ça, d'un conte de fées qui se termine mal. J'ai aimé être cette petite fille née d'un grand amour. Ma mère disait toujours la vérité, n'est-ce pas, cette mère qui courageusement avait élevé seule ses trois enfants, comment aurait-il pu en être autrement ? Elle était droite et lumineuse. Donc, j'avais rêvé. Les éclats de voix, les récits au téléphone, les coups et les larmes : pures élucubrations de ma part. C'était peut-être mieux ainsi. Disons, j'y reviens, que je m'y retrouvais. Mon père n'était pas un être facile, certes, mais jamais il n'aurait touché à un cheveu de ses enfants. À un cheveu peut-être, mais au reste ? À ces choses fragiles qui se construisent dans les premières années ? À ce corps avide de tendresse qui se hisse sur la pointe des pieds pour lui donner à manger un œuf au plat en plastique ? Un de mes cauchemars récurrents met en scène un homme masqué qui me serre contre lui de toutes ses forces. Je dis qu'il porte un masque, mais ce n'est pas vrai, ses traits ne sont pas dissimulés : il n'a pas de traits. Il n'a pas même l'ébauche d'un nez ou d'une bouche, et c'est moi dans le rêve qui ne peux pas crier. J'articule des mots, je force mes poumons, mais aucun son ne sort. Ce visage que je reconnais, je ne peux pas le dire. Toujours la même impression des os qui se brisent comme du verre, du squelette qui se disloque. Toujours le même réveil en sursaut, jusqu'à cette nuit où l'homme fut désigné par deux consonnes majuscules, inscrites au fronton d'une boutique. Deux consonnes clairement dessinées sur l'enseigne, le P et le R de PÈRE séparés par un trait d'union.

Que s'est-il passé dans ma vie pour que ce rêve enfin trouve sa solution ? L'homme nommé ne me faisait plus peur. Je pouvais entrer dans la boutique, affronter le carillon de la porte, et même échanger quelques phrases avec le maître des lieux qui avait pris les traits de Gérard Depardieu, habillé tout en blanc, comme un médecin peut-être, oui, il me semble bien que Depardieu portait une blouse avec des seringues dans les poches et quelque chose autour du cou qui pouvait être un stéthoscope ou un sexe démesuré (ainsi l'ai-je décrit dans un roman précédent). À moins que non, pas un sexe, mais son cordon ombilical, un cordon très long qu'il jetait par-dessus son épaule comme une écharpe tricotée main. La boutique de ce P-R providentiel vendait des albums, des cadres, des affiches, des posters et toutes sortes de gadgets destinés à exposer ou à classer des photos.

Il n'existe à ma connaissance aucune image de mon père avec nous, les enfants. Aucune photo de mariage. Ni d'anniversaire. Ni de baptême, puisque nous avons été baptisés. Rien. Ma mère m'a raconté un jour que Roger avait brûlé la boîte où étaient rangées les archives familiales. Mais peut-être ai-je rêvé là aussi car, lorsque je lui rappelai ce fait une dizaine d'années plus tard, elle m'assura que non, rien n'avait été détruit, volontairement ou involontairement. Notre père avait horreur d'être photographié, voilà tout.

Horreur d'être photographié ? Pourtant des photos de lui, il y en a beaucoup qui circulent : Roger Nimier et son chat sous l'œil tendre de Cartier-Bresson, boulevard Pereire, Roger Nimier s'ennuyant sur l'aile d'une Rolls blanche, Roger Nimier plus jeune en col marin, avec ou sans béret, où l'on remarque qu'il a une chaussette dans sa sandale droite alors qu'à gauche le pied est nu, et des incisives pointues, ou en culottes courtes dans la cour du lycée Pasteur, Roger Nimier et sa casquette de chauffeur, son calot d'engagé volontaire, si jeune, tellement beau sur cette photo, Roger Nimier et son bureau, la machine à écrire, le téléphone de bakélite, Roger Nimier et untel, untel, des gens connus, Louis Jouvet, Jeanne Moreau, Eric von Stroheim, et cette ravissante actrice italienne comment s'appelle-t-elle, non, on ne peut pas dire qu'il n'aimait pas être photographié tout court, il faudrait être plus précis, se rendre à l'évidence même si cela est douloureux : il n'aimait pas être photographié avec ses enfants. Là aussi, nous dérangions. Un hussard avec des petits en barboteuse accrochés à ses bottes, ça fait tache. Une de ses proches raconte qu'un jour il avait laissé tomber par mégarde sa carte de famille nombreuse en sortant un billet de son portefeuille. Il l'avait ramassée très vite, en rougissant. Il avait honte. C'est nous qui lui faisions honte. Il y a aussi cette lettre envoyée à Jacques Chardonne un an après ma naissance. « Dans la vie, écrivait mon père, je ne vois rien du tout, sinon la sottise de mon existence, passant d'un bureau à une nursery, accablé de travail, de cris d'enfants, tout cela sans espoir ni distraction. »

On peut comprendre qu'il n'ait pas eu envie de fixer « ça » sur du papier photo. « Ça » : les cris, les langes, les exigences financières. Il y a cet autre texte terrible sur le mariage, deux feuillets dactylographiés qui, par leur violence (et dans mon souvenir), valent tous les canapés éventrés du monde. Il faudrait que je les retrouve. Ma mère m'en a donné une copie il y a longtemps. C'était courageux de sa part, elle a dû faire ainsi plusieurs tentatives pour casser l'image idéale qu'elle avait échafaudée pendant notre enfance, mais sans doute n'étais-je pas encore prête à recevoir ce genre de cadeau. Le silence est un contrat tacite, une clause partagée. Il y a d'un côté celui qui se tait, et de l'autre celui qui ferme ses oreilles. Il ne suffit pas que le premier se décide à parler pour que le second l'entende. J'écrivais depuis quatre ou cinq ans lorsque ma mère me donna le texte en question. J'avais déjà publié deux romans. Après l'avoir lu attentivement, je me souviens avoir expliqué à ma mère qu'il ne fallait pas le prendre au pied de la lettre, que ces lignes ne la concernaient, ne nous concernaient que de façon très anecdotique. Que les écrivains étaient comme ça, qui partaient d'un fait de la réalité et le poussaient à son paroxysme. Que mon père s'était laissé entraîner par les mots, et que les mots très vite dépassent la pensée. J'étais assez fière de moi en prononçant ce diagnostic, comme si de ma place de jeune romancière je pouvais comprendre des choses que ma mère n'avait pas saisies à propos de l'œuvre de son mari. À l'époque, il me manquait encore quelques éléments pour admettre que mon père était tout entier derrière sa plume.

J'ai descendu du placard où sont empilées les boîtes d'archives une chemise orange qui est censée regrouper les papiers concernant Roger Nimier. Nulle trace du texte sur le mariage. Quelques articles, l'annonce d'une traduction en russe, tirage 100 000 exemplaires, droits d'auteur 2 000 francs à partager avec l'éditeur. La liste des manuscrits et des correspondances prêtés à la Bibliothèque nationale pour le colloque consacré au *Hussard bleu*. La photocopie d'une dédicace à son ami Jean Namur, où il lui annonce (bonne nouvelle) que tous les romanciers de la NRF iraient au paradis, un contrat ayant été signé entre Gaston Gallimard et saint Pierre en personne. Je sens que je m'éloigne — c'est ainsi dès que je suis confrontée aux archives paternelles. J'ai l'impression que je n'ai rien à raconter. Que je ne sais rien. Que cette tentative est vaine, que je ferais aussi bien d'abandonner. De retourner à mes lectures.

En ce moment, je lis *Ma vie* d'Isadora Duncan. Qu'a-t-on retenu de cette femme remarquable ? Qu'elle portait une longue écharpe enroulée autour du cou.

Une longue écharpe qui se prendrait dans une roue de sa décapotable sur la Promenade des Anglais. Une longue écharpe qui causerait sa mort. Se souvient-on seulement qu'elle a eu trois enfants ? Que deux d'entre eux se sont noyés ? Noyés dans une limousine dont les freins ont lâché près du boulevard Bourdon. La voiture est tombée dans la Seine sans que personne ne puisse la retenir. Le troisième enfant est mort à la naissance. Je ne savais rien de tout cela le jour où j'ai acheté le livre d'Isadora. J'aimais juste la sonorité de son prénom. J'admirais la liberté de cette femme, son courage. Je la voyais adolescente, dansant pieds nus sur la plage. J'imagine maintenant la limousine tombant lentement dans la Seine, et les enfants enfermés tapant aux carreaux. Des bulles remontent à la surface, ce sont leurs cris. Comment veux-tu apprendre à conduire après ça. Avec des images comme ça dans la tête. Des images qui sont de la réalité, en plus de toutes les fictions, tous les cinémas que l'on se monte en exclusivité. Depuis le début du mois, j'ai pourtant repris les cours de conduite. Le moniteur a changé, celui-ci ne se ronge pas les ongles, mais il teste souvent l'élasticité de sa ceinture. Sa voix est douce, j'aime bien l'odeur de son after-shave. Il me répète pour la troisième fois de ne pas ralentir autant avant de m'engager sur un rond-point. La région est truffée de ronds-points. J'ai beaucoup de mal avec les ronds-points. L'information s'arrête à la taille. Elle n'arrive pas jusqu'aux jambes. Mes yeux disent : il faut passer, puisqu'il n'y a personne, mais mon pied n'en fait qu'à sa tête. Je ne saurai jamais conduire. Et pourtant si, je saurai conduire, je sais conduire, juste une question de pratique, une question d'entraînement. Au printemps dernier, alors que je venais de m'inscrire à l'auto-école, une voiture de la gendarmerie est tombée dans la rivière qui coule juste à côté de chez nous. Elle roulait trop vite. A raté le virage. Un bouquet de fleurs a été ficelé sur la rambarde toute neuve. Les garçons passent chaque jour à côté en allant à l'école. Ils traversent le pont. Un gendarme est mort noyé, ses collègues n'ont pas réussi à le sortir à temps de la voiture. De ma fenêtre, je les ai vus en train d'essayer de le ranimer. Je suis descendue très vite pour voir si je pouvais faire quelque chose — on me demanda juste de m'éloigner. Là non plus, on ne saura pas si le conducteur avait bu ni pourquoi il roulait si vite. Il ne poursuivait personne. Connaissait cette route qu'il empruntait souvent. Je pense à mon père. Je pense à Sunsiaré. Je pense aux deux enfants d'Isadora Duncan. Je pense à mon oncle, le frère de ma mère, qui se tua, lui aussi, très jeune, au volant de sa voiture. Sa fille, ma cousine, avait dix-huit mois. Cauchemar, toujours le même cauchemar. Impression de tourner en rond. Envie de tout arrêter. Le livre et les leçons de conduite. Envie de tout mettre de côté, le crissement de la plume, les peurs enfantines et les lames d'acier sur les poignets fragiles. Envie de prendre congé, patins de feutre et parquet ciré. Ça glisserait sans un bruit. Pas de repli, pas de question. Pas de racine, pas de crampon. Seule, inexorablement, la glace qui fond. On imagine l'histoire s'effaçant, comme les rayures ou les stries de cutter au passage de la réglette d'une ardoise magique, à croire que la vie pourrait exister au présent, calmement. L'allure change, le corps se libère de la pesanteur. On pense à ces images de laitières qui, aux Pays-Bas, livraient leur marchandise en patinant, leurs deux seaux accrochés à une barre posée sur les épaules. Lait sur glace, blanc sur blanc...

Ce matin, les garçons sont partis pour l'école avec leurs manteaux d'hiver, ils vont avoir trop chaud. Nous terminerons ce soir *Les aventures de Pinocchio.*

On me demande si, à mon avis, très honnêtement, enfin la question de l'hérédité, en somme, s'il y a des gènes pour ça, des gènes de l'écriture. Tous les ans, c'est la même histoire. Comme les régimes amaigrissants ou le salaire des cadres, le dossier filiation s'impose de façon saisonnière.

Nous sommes au premier étage d'un café près de la gare Saint-Lazare. Lui, polo kaki, frange courte, jean à boutons. Profession : journaliste. La veste ? Pas de veste. Un pull marin noué autour de la taille. Moi, chaussures plates, jupe noire, col roulé. Sur mes gardes, entre deux trains — je dois être de retour en Normandie pour aller chercher les enfants à l'école. Lui : grand admirateur de Roger Nimier. Moi : sourire poli. Posé sur la table tourne un petit magnétophone qu'il couve d'un air inquiet. Sa voix est douce, elle fait à peine bouger le rouge de la barre témoin. Les questions se déroulent. Est-ce que je joue toujours de l'accordéon diatonique, est-ce que j'écris à la main, le matin, l'après-midi, la nuit, est-ce que j'ai des gris-gris, des habitudes (est-ce que je bois, est-ce que je fume, est-ce que je grignote), et je ne sais quoi encore sans rapport apparent avec le sujet qui nous réunit, puis nous passons au plat de résistance, les questions précédentes n'étant qu'une façon d'établir le contact, sans doute, une mise en bouche. Il me demande quels souvenirs j'ai gardés de mon père. Je suis incapable de répondre à ce genre de question. Ou si j'y réponds tout de même, c'est de plus haut, perchée sur des échasses. Je parle de ces deux images qui se superposent dans ma mémoire, comme une erreur d'impression qui rendrait leur lecture impossible : d'un côté, la représentation publique de l'homme de lettres, stigmatisée par sa disparition précoce, et de l'autre la perception privée, celle de la petite fille qui ne comprend pas toujours ce qui se passe autour d'elle.

Le journaliste aimerait que je développe. Je dis la même chose avec d'autres mots, son visage s'éclaire : D'un côté la vie familiale, de l'autre l'amitié virile et les mystifications. Comment faire coexister ces deux images ?

En guise de réponse, le serveur vient encaisser — il a terminé son service. Le journaliste reprend à mi-voix : *encaisser.*

À qui s'adresse-t-il ? Encaisser, oui, c'est le mot qui convient, il n'est pas question de faire coexister, mais d'encaisser, de creuser le ventre. J'ai du mal à me concentrer sur les questions suivantes. Mon regard saisit n'importe quel prétexte pour prendre le large. Cette femme, derrière, qui se repoudre en appuyant plus fort de chaque côté du nez, comme si elle voulait estomper ses narines. L'autre là-bas au fond qui lit son horoscope, et l'autre encore qui sirote son ballon de blanc d'un air inspiré.

— Avez-vous la nostalgie de ce temps où votre père était vivant ? De cette époque ?

Non, pas de nostalgie, ou alors je suis nostalgique d'un passé qui n'a pas existé. Les Galiciens ont un mot pour ça, la *morriña*, je vais parler de la *morriña*, mais je suis interrompue par une voix qui vient de la rue.

— Assassin, assassin, assassin !

C'est un homme qui crie. Il met l'accent sur la première syllabe, comme s'il avait quelque chose à vendre. Je me revois à la fenêtre de l'appartement familial, lançant au joueur d'orgue de Barbarie des pièces de monnaie enveloppées dans une feuille de papier arrachée en toute hâte à mon cahier de brouillon. Le singe applaudit à la fin des morceaux. Il est attaché à l'instrument par une chaînette, son panier est tapissé d'un tissu à fleurs qui, d'en haut, ressemble à celui de mon couvre-lit. J'aimerais bien avoir un petit animal à la maison. Depuis que mon hamster est tombé du quatrième étage, ma mère repousse toujours le moment de m'emmener sur les quais pour en acheter un autre. Il s'appelait Enfin. Ma meilleure amie avait ses deux frères, Bref et Passons. Sa mort m'a bouleversée. C'est Hugues qui aurait laissé la porte du palier ouverte. Mais pourquoi Enfin n'était-il pas dans sa cage ? Je ne sais plus. Une flaque rouge sort de sa bouche comme un drôle de velours, un de ces Vénilia collés dans les boîtes à bijoux que l'on offre pour la fête des mères. Assassin, assassin ! Le serveur a rapporté la monnaie. Il jette un coup d'œil dans la rue.

— C'est le dingue, explique-t-il. Normalement, il passe un peu plus tôt.

Le dingue fait partie intégrante du paysage, il est transparent. Le journaliste est troublé. Il n'y a pas si longtemps, il devait avoir une mèche qui lui tombait sur les yeux, car il passe souvent sa main dans les cheveux ou secoue la tête sur le côté dans un mouvement élastique qui pourrait signifier « On y va ? », mais nous n'allons nulle part, nous restons là, assis l'un en face de l'autre. Il ne sait plus ce qu'il voulait me demander : un petit coup de tête pour relever sa mèche fantôme et il reprend le contrôle de la situation. Il me pose des questions sur ma mère. Sur mon enfance. Il m'imagine entourée des amis de mon père, penchés sur mon épaule tels des oncles bienveillants. Il s'étonne de leur absence, à une exception près, ne comprend pas pourquoi ils n'ont pas été plus proches de nous, les enfants, eux qui chérissaient Roger. J'ai l'impression qu'il me regarde vraiment pour la première fois. Il change brusquement de sujet. Il me dit que j'ai des yeux incroyablement bleus, là, avec cette lumière.

Il a rarement vu, insiste-t-il, des yeux aussi, comment dire, *bleus.*

Je baisse les paupières, la parenthèse se referme et, retrouvant son timbre professionnel, il enchaîne en évitant de croiser mon regard :

— Avez-vous sur votre bureau un objet lui ayant appartenu ?

Je parle de ce stylo à pompe qui est dans mon tiroir, non, je ne l'utilise pas, la plume est de travers, oui, elle penche à droite. Forcément à droite, note le journaliste en souriant, puis il déclare l'épreuve terminée. Il trouve que mes réponses sont originales, il est ravi de m'avoir rencontrée, espère que nous aurons l'occasion de nous revoir. Il prépare justement un dossier sur les romanciers qui écrivent des chansons. Aimerait bien avoir mon témoignage à ce sujet. En rangeant son magnétophone, il cherche quelque chose dans son sac. Un exemplaire de *Domino* à dédicacer pour sa sœur qui est une grande lectrice. Il me dit son prénom, Claire, oui, Claire tout court, ça lui fera plaisir. C'est étrange, cette habitude de dédicacer les livres à des inconnus en les appelant par leur prénom, comme si le fait de partager un texte nous autorisait à griller les étapes, nous transportant sans transition dans un monde familier. Ou sur un mode enfantin, peut-être, à moins qu'il ne s'agisse plus prosaïquement d'une mesure de précaution tant il est difficile parfois d'orthographier les patronymes. Nimier, oui, j'épelle, *N*, comme Nadine, puis *i* puis *m*, comme Marie. Combien de fois, le répéter, en classe, au téléphone, chez le médecin.

Ah, Nimier, comme l'écrivain ? Ou : Vous êtes parente de l'écrivain ? Ou encore : Vous avez un rapport avec l'écrivain ? Oui, un rapport avec l'écrivain, c'est le moins que l'on puisse dire. Je pense toujours qu'ils parlent de mon père, mais il est arrivé plusieurs fois qu'ils parlent de moi. Ils me demandaient si j'avais un rapport avec Marie Nimier. C'est une question assez troublante, en vérité.

Le journaliste m'accompagne jusqu'à la gare, monte l'escalator, puis, comme si cela allait de soi, vient avec moi sur le quai. On dirait qu'il a du mal à me quitter. Il note mon adresse postale pour me faire envoyer une copie du journal. Il attend le départ du train et m'adresse un petit signe de la main. Je suis touchée par son geste. La jeune femme assise en face de moi nous regarde en souriant, elle doit trouver que j'ai de la chance. Je regrette de ne pas être restée un peu plus longtemps à Paris, les enfants auraient pu rentrer tout seuls de l'école, ils sont assez grands maintenant.

Les semaines passent. Je pense au journaliste. À l'écriture des chansons. Je note quelques idées dans un coin à ce sujet, pour ne pas être prise au dépourvu s'il me téléphone. Mais il n'appelle pas, et je ne reçois pas le magazine. Je vais l'acheter au village. L'article est annoncé en couverture, avec nos noms et nos trombines curieusement insérées dans des cadres dorés. La galerie de portraits est impressionnante, et l'on ne peut s'empêcher de chercher les ressemblances entre les générations.

Le marchand de journaux a repéré que l'on parlait de moi, il ne savait pas que j'avais un père écrivain, ça fait beaucoup d'écrivains dans la famille, dit-il en soupirant. Lui, il n'a pas l'air de trouver ça marrant. Je lui demande pourquoi il fait cette tête.

— Quelle tête ?

— Eh bien, quand vous m'avez dit, dans la famille, beaucoup d'écrivains...

Il pense que ce n'est pas de la tarte, c'est tout. Est-ce qu'il se trompe ?

L'article s'étire sur une demi-douzaine de pages largement illustrées. Où ont-ils déniché cette photo de moi ? J'ai quelque chose dans la main, un hochet.

Non, ce n'est pas un hochet, regarde bien, mais une voiture que tu portes à ta bouche, comme si tu voulais engloutir de façon préventive l'objet de l'accident. J'ai 2 ans à peine, des cheveux courts et des socquettes de lutin. Mon père en noir et blanc pose dans son bureau de la rue Sébastien-Bottin. Il tient un manuscrit dont il semble dicter le contenu à celui qui le regarde — moi, en l'occurrence, par photographie interposée. Mais je ne sais pas écrire, je ne lui suis d'aucune utilité. Je repense à l'œuf au plat en plastique avec son mégot fiché dedans. Encore cette impression de gêner. De ne pas être à ma place, malgré toute ma bonne volonté, et surtout pas à la hauteur.

Le texte est aéré, ponctué de noms en caractères gras. Telle une litanie, les couples sont présentés, Frédéric Dard et son fils Patrice, Claude et François Mauriac, Dumas père et Dumas fils, Thomas et Klaus, Florence et Jean, Pascal et Alexandre, Bertrand et Julie, Yann fils d'Henri, Jean-Philippe fils d'Yvon... De notre rencontre dans le café, le journaliste a retenu l'histoire du stylo dont la plume part en vrille, et il en tire une phrase assez spirituelle. Il parle en termes délicats des deux images paternelles qui se superposent. Attribue à nos origines bretonnes la couleur de mes yeux, et se demande si Roger Nimier avait un regard aussi clair. Il raconte enfin comment notre entretien a été interrompu par cet homme qui criait dans la rue, Assassin, assassin, pour aborder grâce à cette habile transition le duo suivant : Mary Higgins Clark qui a passé le flambeau à sa fille Carol de son vivant, allant jusqu'à écrire deux romans avec elle pour la propulser au sommet des ventes. « Ma fille me succédera », annonce-t-elle fièrement à la presse. L'entreprise familiale est florissante. Je survole la suite sans conviction. La conclusion de l'article est reprise en encadré au centre de la dernière page : « Le talent n'est pas *fatalement* héréditaire. » Rendez-vous l'année prochaine pour savoir ce que recouvrent ces italiques.

La semaine suivante, à la Maison de la Radio où je participe à une table ronde, on dirait qu'ils se sont donné le mot. Ah, vous êtes Marie Nimier, j'ai très bien connu votre père (c'est fou ce que mon père avait comme amis), c'était un homme d'une haute, comment dire, d'un, et puis très, je l'ai même vu le jour de l'accident (c'est fou le nombre de gens que mon père a rencontrés le jour de l'accident), nous étions tous si...

Je souris d'un air désolé. Ce n'est pas une pose, je suis sincèrement désolée, comme on le dit d'un paysage. Je me sens poussiéreuse. J'ai envie de me prendre par la main et de disparaître. On me demande d'attendre un peu dans le studio, l'enregistrement de l'émission est légèrement décalé, est-ce que je veux boire quelque chose ? Du thé ? Du café ? Avec du lait ? Du sucre ? Je me revois assise derrière des piles de livres, Salon du livre de Bordeaux — Franck m'avait accompagnée —, celles qui passent en chuchotant devant nous, « C'est la fille de l'écrivain », et la copine de froncer les sourcils, « Quel écrivain ? », la copine de toujours, peau brûlée par le soleil, déluge de bracelets en or, « Mais si, tu sais bien, celui des hussards bleus ». J'opère une rotation vers Franck pour échapper aux commentaires des deux femmes. Je m'accroche à son sourire. Je sais qu'elles vont regarder l'affiche suspendue au-dessus de moi, où j'ai l'air bien plus jolie que je ne le suis en vérité, elles feront quelques allers-retours entre l'image et mon visage, un peu comme dans ces avant/après des journaux féminins, prendront un de mes romans et le feuilletteront, iront jusqu'à lire la quatrième de couverture en attendant que je me retourne, mais non, je ne me retourne pas, je les entends poursuivre leur conversation, elles ne font plus du tout attention à moi.

— Elle est passée chez Pivot, si, je l'ai vue chez Pivot l'année dernière, elle était coiffée autrement, ça lui allait bien comme coiffure, tu ne te souviens pas ? Elle portait un gilet bleu…

— Ah oui, tu as raison, un pull bleu ciel avec une fermeture éclair.

— Une fermeture éclair, tu es sûre ? Ce n'était pas plutôt des crochets ?

De ce que j'ai dit pendant l'émission, il ne sera pas question. Elles tripotent encore un peu les livres pour attirer mon attention puis s'éloignent, déçues sans doute de ne pas avoir échangé quelques mots avec la fille de l'écrivain qui est passée chez Pivot. Elles marchent en balançant doucement les bras. Je m'en veux un peu d'avoir été incapable de leur parler.

Elles reviennent une heure plus tard, décidées à acheter un de mes livres pour l'offrir à une amie dont c'est l'anniversaire. Je leur signe un exemplaire de *La caresse* en collection Blanche et Franck me fait remarquer que je suis particulièrement aimable avec elles.

Une autre question revient souvent, depuis la publication de mon premier roman. Je m'étonne que le journaliste ne l'ait pas posée. On me demande pourquoi je n'ai pas pris de pseudonyme. Si j'y ai pensé. Ma réponse est claire : Pourquoi signerais-je d'un autre nom que le mien ?

On me trouve très arrogante.

J'ai utilisé une fois un pseudonyme, pas de quoi le crier sur les toits, mais bon, puisque nous y sommes. Et je me suis mariée une fois aussi, à Brooklyn, un mariage blanc avec un jeune homme que je n'ai pas revu depuis et dont je serais en droit de porter le nom (un très joli nom). Je travaillais dans une troupe de théâtre new-yorkaise, c'était pour moi la seule façon d'obtenir l'équivalent de la carte de séjour. Et, au passage, de réécrire l'expérience maternelle en prenant soin de renverser la situation à notre avantage, puisque ce fut la mariée cette fois qui abandonna son jeune époux sur les marches de l'hôtel de ville et rejoignit son petit ami dans son atelier près de Times Square pour une nuit de noces inoubliable. En ce qui concerne le pseudonyme, j'ai signé Pascale Martin une enquête de *Que choisir* sur les instituts de beauté. Je devais avoir 22, 23 ans. On ne m'avait pas demandé ce que j'avais fait avant ni si j'étais qualifiée pour ce genre de travail. J'étais apprentie comédienne à l'époque, c'est cette qualité-là qu'ils ont dû apprécier. Cette faculté de jouer. De répéter. J'ai subi sans broncher une dizaine de nettoyages de peau en un mois et demi, égayés de quelques séances de bronzage en cabine et de deux épilations complètes — je te passe les détails, j'en suis sortie décapée, mais assez fière néanmoins lorsque j'ai vu mon article imprimé.

Et si je m'étais appelée Pascale, pour de vrai, Pascale Martin ? Est-ce qu'on écrit différemment lorsque son nom propre est un nom commun ? Un nom passe-partout ? On en connaît tous, des Martin, et pour cause : ils sont plus de 3 000 répertoriés dans l'annuaire pour la seule ville de Paris — je t'engage à effectuer la recherche sur Internet, tu entres le nom, la ville, un signal apparaît qui te somme de faire attention, panneau de danger triangulaire comme si tu venais d'enfreindre quelque règle essentielle de navigation, alors s'affiche le nombre de réponses, 3 106 en orthographe exacte, ce qui est supérieur au seuil autorisé.

On te suggère de préciser ta demande.

Tu précises ta demande.

Des Martin, il y en a 184 dans le 12e arrondissement de Paris, sans compter ceux qui n'ont pas le téléphone et ceux qui sont inscrits sur liste rouge. D'après l'INSEE — tu nous barbes avec tes statistiques — il naît en moyenne dans l'Hexagone 2 849 Martin par an. Tu imagines, une ville entièrement peuplée de Martin. L'enfer des facteurs. Mais si, Pascale Martin, vous savez, la fille de Roger Nimier (parce que c'est ça, prendre un pseudonyme, obliger les autres à mettre le doigt sur la filiation). J'aurais pu, bien entendu, choisir un nom moins répandu, mais ça n'aurait rien changé. J'aurais toujours eu l'impression d'avancer masquée, déguisée, d'utiliser un subterfuge pour m'accorder le droit d'écrire. Alors non, décidément, pas envie de changer d'identité. Cela dit, la question de l'héritage reste pertinente, avec ou sans pseudo : vit-il dans son ombre, ou dans sa lumière, celui qui met ses mots dans les mots d'un parent célèbre ? Sous sa menace ou avec sa bénédiction ? Il y a une sorte de suspicion à son endroit. Pour lui, tout serait facile. Ses textes lui sont dictés d'en haut. Il est né avec un stylo en or dans la bouche, comme d'autres avec une cuillère en argent.

Parmi les rares objets laissés par mon père, il en est un que j'affectionne tout particulièrement. C'est une montre à gousset qui carillonne quand on appuie sur le remontoir. Je regrette de ne pas en avoir parlé au journaliste. Elle a un timbre très beau, à la fois doux et clair comme la voix d'une femme qui n'aurait jamais manqué de rien. Elle marque les heures et les demi-heures et même les quarts d'heure, et quand je la fais sonner, je pense à ce grand-père que je n'ai pas connu.

Je pense à Paul Nimier, Paul l'horloger, le père de mon père. Il est bien mort lorsque son fils avait 14 ans, j'ai vérifié. Mais pas d'une crise cardiaque, comme Roger le laissait entendre, projetant ses propres malaises sur son ascendant, mais d'une crise d'urémie. Moins chic, sans doute. Symboliquement moins séduisant. Le cœur s'emballe et c'est un livre qui s'écrit, mais que dire d'un système urinaire défaillant ? Il est des organes peu littéraires, les reins sont de ceux-là qui n'inspirent trop rien. Pauvre Paul. En huit jours, emporté par la maladie. Il était ingénieur chez Brillié, à Levallois-Perret, et c'est lui qui conçut la première horloge parlante. J'en tire une grande fierté et ne rate pas une occasion de le faire savoir. Le 14 février 1933 fut inaugurée la belle invention. Dès sa mise en service, ce fut un énorme succès. En composant Odéon 84 00, on savait désormais à quoi s'en tenir avec le temps. Jour et nuit s'enroulaient les cylindres, diffusant à qui voulait l'entendre la bande sonore du plus long film jamais créé. L'enregistrement avait été réalisé par Marcel Laporte, plus connu des auditeurs sous le nom de Monsieur Radiolo, alors speaker à la TSF. Lui aussi doit avoir des descendants, et je me demande s'ils racontent aujourd'hui les exploits de leur aïeul. Sa voix fut remplacée en 1965 par celle d'un postier anonyme.

Ma grand-mère, Christiane Roussel — l'épouse de l'ingénieur, la mère de Roger Nimier —, était violoniste. Elle remporta l'année de ses 15 ans le premier prix du Conservatoire de Paris. Et arrêta la musique après son mariage. Il fallait s'occuper de son mari, des enfants plus tard, de la maison. Je ne peux pas oublier que mon père est né de ça aussi, de cet abandon. Il n'en parle nulle part, à ma connaissance, ne voulant retenir d'elle que sa belle précocité et son côté artiste. Qu'elle eût cessé d'exercer son art pour se plier aux règles en vigueur dans son milieu ne semble pas l'avoir dérangé outre mesure. La tristesse aura sauté une génération. J'aurais tant aimé l'entendre jouer. Hier, nous sommes allés écouter une sonate de Brahms au Moulin d'Andé, et j'ai imaginé ma grand-mère à la place du violoniste. C'était une femme charmante et vive, ou, pour employer ce mot un peu suranné qui lui convient si bien, une femme exquise. Nous aimions aller chez elle, Martin et moi. Elle préparait toujours la même chose pour le déjeuner, et c'était chaque fois le même plaisir en arrivant sur son palier de sentir l'odeur du poulet et des pommes sautées. Parfois nos cousins, les enfants de Marie-Rose, la sœur bien-aimée de mon père (celle qu'il appelait Mimi), venaient nous rejoindre. Nous les trouvions très vieux et très bien habillés. Ils nous impressionnaient. On tirait la rallonge, nous nous tenions à carreau. Il y avait un bouquet sur la table basse et, sous le vase, un napperon en dentelle, et sous le napperon une petite rondelle de plastique pour protéger le bois. Dans l'univers chaviré de ma petite enfance, Mamie de Paris — c'est ainsi que nous l'appelions — incarnait la permanence, la stabilité. Sa peau me fascinait, ses rides très fines, ses taches de rousseur et surtout ses chignons à la fois souples et parfaitement domestiqués par des épingles d'une finesse inouïe. Plus tard, lorsque nous fûmes un peu plus grands, le rituel fut bouleversé d'un commun accord. Elle ne nous invitait plus chez elle le jeudi, mais au restaurant de la Maison de la Bretagne. Nous commandions des glaces monstrueuses avant d'aller au cinéma dans une de ces immenses salles des Champs-Élysées qui resteront à jamais pour moi liées à la vision, passablement alourdie par la chantilly, d'un Louis de Funès qui m'aurait plutôt rendue mélancolique si tout le monde autour de moi n'avait décidé qu'il était hilarant. Ma grand-mère nous regardait après les gags, pour voir si nous riions, et partager avec ses petits-enfants son plaisir de les savoir heureux. Mon frère était très bon public. Je me forçais un peu. Quand apparaissait une épée ou un pistolet à l'écran, elle me prenait la main et la serrait très fort. Je n'aimais pas les bagarres, elle le savait, je n'aimais pas non plus les gens qui criaient dans les films, ceux qui parlaient trop haut. Ce genre de scènes, je préférais les oublier. Je ne me souviens pas que notre grand-mère nous ait parlé, ne serait-ce que fugitivement, de son fils, notre papa.

Pour en revenir à cette idée de permanence, je crois que la voix de l'horloge parlante a joué le même rôle dans ma vie que le poulet et les pommes sautées. Je me suis toujours sentie très proche de cet homme qui disait *exactement* ce qu'il disait, et qui le disait tout haut. Pas question d'interprétation. Ni mensonge ni atermoiement. C'était comme ça, que l'on appelle d'Avignon ou de Saint-Étienne, on pouvait compter sur lui. Se fier à sa parole. Il n'allait pas claquer la porte en pleine nuit. Je connaissais par cœur son numéro. Je le composais en cachette de la jeune femme qui nous gardait quand je m'ennuyais à la maison. Ce que j'appelais « ennui » ressemblait plus à de la peur, une peur sourde qui me paralysait sans que je puisse même imaginer la domestiquer par des mots moins arides que le déroulement des heures et des minutes. Quoi de plus merveilleux pour la Reine du silence qu'une horloge qui parle ? Je comptais les tops, au quatrième j'imaginais le cylindre qui tournait. Le temps s'écoulait et pourtant tout restait pareil. Le timbre, la distance entre les syllabes, jusqu'au léger écho qui suivait l'énoncé des secondes.

Il paraît qu'aujourd'hui l'horloge parlante électronique propose en alternance la voix d'une femme et celle d'un homme. Il me suffirait de faire le 36 99 pour vérifier. Quelque chose m'en empêche. Je n'aime pas imaginer ma grand-mère comptant les heures aux côtés de son mari. Ma grand-mère dans le rôle du métronome. Je pense à cette phrase qu'Antoine Blondin faisait prononcer à mon père dans *Monsieur Jadis*. « Nos mères, écrivait-il, qui sont immortelles, viendront nous faire de la musique dans le froid ; la tienne jouera de l'accordéon, la mienne du violon. Et il n'est pas impossible que nous soyons heureux. »

Empêcher, être empêché, du bas latin *impedicare*, prendre au piège, entraver, lui-même dérivé de *pes, pedis* : pied.

Il n'empêche que, ou, au plus court, n'empêche.

N'empêche, cette femme exquise que mon père appelait Maman, cette femme qui fut sa première lectrice, qu'il embrassait mille et mille fois à la fin de ses lettres, cette Christiane Roussel, épouse et veuve de Paul l'horloger, était une formidable donneuse de gifles. Par chance, nous n'eûmes pas à en souffrir. Elle n'avait pas perdu la main depuis la disparition de son fils, ces choses-là, c'est comme le vélo, ça ne s'oublie pas, mais nous n'étions pas assez souvent avec elle pour lui permettre d'exercer ses talents, et elle fut avec nous, je l'ai déjà dit, d'une gentillesse sans faille. Une fois cependant, et dans des circonstances inoubliables, je fus surprise par son brusque changement d'humeur. J'étais demoiselle d'honneur au mariage de ma cousine. Elle portait une robe digne des plus belles vitrines de la capitale, un bouquet rond, un voile, une traîne que nous étions censées soulever pour l'empêcher de traîner, et un chignon doré qui dépassait en majesté celui de sa grand-mère — notre Mamie qui avait pensé à tout, poussant son sens du détail jusqu'à tapisser le fond de ma timbale en argent d'une couche de feutrine afin d'étouffer le bruit des pièces de monnaie lorsque je ferais la quête à l'église. Mais je ne fis pas la quête. Au moment de passer dans les rangs, je fus prise d'une panique telle que je restai assise à ma place, parfaitement immobile pour que l'on m'oublie, et l'on m'oublia, semble-t-il, puisque personne ne vint me chercher, et si quelqu'un voulut me rappeler à mon devoir par quelque signe de la main je ne le vis pas, absorbée que j'étais dans la contemplation de ma timbale insonorisée, et, au delà de la timbale, de mes chaussures vernies à semelle de cuir — mes chaussures qui me faisaient mal, elles étaient neuves bien sûr, elles avaient coûté cher, c'était de la folie, des chaussures à ce prix-là, on en revient aux pieds, *pes, pedis,* à la notion d'empêchement et au talon d'Achille du perchiste, et c'est ce que je répondrais à ma grand-mère quelques heures plus tard lorsqu'elle me demanderait pourquoi je n'avais pas fait la quête comme les autres enfants d'honneur : je ne pouvais pas marcher, j'avais mal aux pieds.

Ses lèvres s'étaient mises à trembler et avec elles les petits bouts de peau qui pendaient entre son cou et son menton. Elle portait un chemisier dont le col était fermé par un camée représentant une scène champêtre, un berger avec ses moutons ou une bergère, je ne sais plus, mais ce dont je me souviens précisément (c'est terrible, pourquoi ai-je pensé à cela à ce moment précis) : je me suis demandé si cet objet me revien-

90

drait après sa mort. Est-ce que je comptais pour ma grand-mère ? Est-ce que j'existais vraiment ? Est-ce que j'étais autre chose qu'un nom et un prénom, qu'une place dans la famille (la dernière) ? J'avais besoin de preuves, besoin d'être rassurée, et qui mieux que la mère de mon père pouvait le faire ? Elle me prit par les épaules. Nous étions seules dans le couloir de cet appartement inconnu où se déroulait la réception. Je ne comprenais pas pourquoi elle se mettait dans cet état, elle si mesurée en temps ordinaire, et je lui demandai en toute naïveté si elle comptait sur cet argent pour payer les frais du mariage. Je reçus une claque en guise de réponse. « De la part des pauvres », lâcha-t-elle, puis, comme je fondais en larmes, elle me serra dans ses bras et s'excusa. Elle semblait sincèrement malheureuse, bien plus peinée que moi en vérité, et c'était bon de pleurer contre sa poitrine moelleuse. J'aimais son odeur de poudre et les inflexions de sa voix. Elle m'expliqua que l'argent recueilli dans les timbales était destiné aux bonnes œuvres de la paroisse. Je ne le savais pas, car on ne m'avait jamais emmenée à la messe et, au contraire de mon frère, je n'avais jamais eu envie de m'inscrire au catéchisme. Cet épisode scella entre ma grand-mère et moi-même une complicité faite de honte réciproque, elle de m'avoir giflée, ce qui à l'époque n'était déjà plus du tout à la mode, moi d'avoir encore appauvri les pauvres, et, accessoirement, d'avoir louché sur son camée. C'était un bijou de grande valeur, elle le gardait au fond de sa commode avec ses chaînes en or, les dents de lait de ses enfants et la montre de Paul.

Les dents de Roger Nimier, tu imagines, les dents de

ton père posées sur du coton dans une boîte d'allumettes. Sa première incisive. La prémolaire de ses 10 ans.

Je passai le reste de l'après-midi à servir les petits-fours et à débarrasser les tables basses, alors que Martin jouait avec les autres enfants. Ma grand-mère m'avait fait promettre de ne pas parler de « tout cela » à ma mère. Avait-elle jamais eu connaissance du surnom que son fils m'avait donné ? C'était entendu, elle pouvait compter sur moi, je ne dirais rien à personne.

Les adultes buvaient du champagne, leurs voix résonnaient dans le salon aux plafonds lourdement décorés. On me trouvait tellement serviable, et tellement mignonne dans ma robe bleu canard, une robe longue avec un nœud derrière, des manches ballon et le serre-tête assorti, je te laisse imaginer. La réception s'éternisait. Je me souviens d'un monsieur qui parlait avec les mains et m'adressait des grimaces épouvantables quand les autres avaient le dos tourné. D'un homme aussi qui regardait par la fenêtre, le front appuyé contre le carreau. J'aurais aimé qu'il me prenne sous les bras et qu'il me soulève.

Mes chaussures me faisaient de plus en plus mal. J'aurais pu rejoindre mon frère, mais non, je continuais à jouer ma Cosette, allant de temps à autre prendre mes instructions auprès de ma grand-mère. Elle semblait apprécier mon attitude et m'encourageait sur la voie de la rédemption. Ses demandes étaient fermes, sans jamais dépasser mes compétences. Ma mère, quant à elle, papillonnait d'un groupe à l'autre avec son aisance habituelle. Elle savait toujours quoi dire dans ce genre de situation, même et surtout aux gens qu'elle ne connaissait pas. J'admirais son habileté à créer des liens, déroulant entre chaque petit groupe sa bobine de phrases parfumées aux racines de vétiver. Elle portait un châle qui tenait par je ne sais quel miracle, dégageant ses épaules bronzées. Je la trouvais très belle. J'étais fière d'avoir une maman aussi jolie. Les hommes regardaient ses jambes. Ils se glissaient des choses à l'oreille lorsqu'elle passait près d'eux. Elle le remarquait, j'en suis sûre, mais faisait comme si de rien n'était. Elle remarqua également que je posais mes pieds d'une drôle de façon. De larges taches rosâtres émaillaient mes collants à la hauteur des talons. Malgré mes protestations, elle m'entraîna dans la salle de bains et m'obligea à me déchausser en m'asseyant sur le bidet. Elle eut l'air très triste soudain, comme si c'était elle qui souffrait. Pourquoi n'avais-je pas demandé que l'on me mette des pansements ? Je restai stoïque, prétendant que je n'avais rien senti, que je ne sentais rien, non, il ne fallait pas s'inquiéter pour moi. Mes ampoules furent tamponnées de mercurochrome. Chaussures et collants atterrirent dans un sac en plastique. La maîtresse des lieux me prêta une paire de mules à pompons trop grandes que je dus porter jusqu'à la maison. Au moment de partir, ma grand-mère me glissa dans la main une pièce de cinq francs pour me remercier de l'avoir aidée — enfin, c'est ce qu'elle prétendit, mais je savais bien qu'il s'agissait avant tout d'acheter mon silence. Je me promis d'aller déposer cet argent dans le tronc d'une église, et cette pensée me rendit toute molle, baignée par le sentiment très doux d'un rachat qui dépassait la faute. Quelqu'un voulut prendre une dernière photo de nous sur le pas de la porte, mais il ne restait plus de pellicule dans son appareil. Mon frère mâchouillait le col de sa chemise blanche en regardant mes pieds d'un air narquois. Mes pieds, et ces mules grotesques qui longtemps resteraient un sujet de raillerie. Il avait récupéré une vingtaine de piques à brochettes qui dépassaient largement de la poche de son pantalon. Ma mère lui demanda d'aller les rapporter à la cuisine, ce qu'il ne fit pas. Elle eut l'intelligence de ne pas insister. Nous étions tous fatigués. Ma grand-mère le comprit bien, qui nous poussa gentiment sur le palier sans attendre que le photographe eût rechargé son appareil, et immortalisé la scène, les piques de mon frère, la beauté de ma mère — moi, et mes pompons.

Quelques mois après le mariage de ma cousine, ou était-ce l'année scolaire suivante, j'ai du mal à mesurer le temps qui s'écoula entre les deux événements tant ils me semblent liés, mon institutrice téléphonait chez moi pour qu'on vienne me chercher à l'école. Je me plaignais de douleurs aiguës dans les jambes, je ne pouvais plus poser le pied par terre. Ça m'avait pris comme ça, sans raison apparente, en sortant de la cantine. Quelqu'un me ramena à la maison, ce n'était pas ma mère — qui me porta jusqu'au quatrième étage ? Je n'avais pas d'ampoules cette fois, non, pas de bleu ni de blessure, en apparence rien n'était abîmé. Le médecin de famille fut appelé au secours, il demanda si par hasard il n'y avait pas une composition le lendemain, et en effet il y avait composition de grammaire, alors ma mère, lorsqu'elle fut rentrée de son travail, suivit son conseil : elle me fit prendre un bain et de l'aspirine, puis m'aida à réviser mes conjugaisons. Je me souviens de Martin débarquant dans la cuisine habillé en chef indien. Il n'allait pas à un anniversaire ou un bal costumé, non, il s'était déguisé spécialement pour moi, pour me faire rire. Il dansait autour de la table en prononçant des formules magiques. Je passai une nuit épouvantable. Le médecin me réveilla à huit heures d'une tape énergique sur le bras et m'obligea à me mettre debout. Il était toujours persuadé que je jouais la comédie pour ne pas aller à l'école. Je tombai au pied du lit, m'affalant comme un sac, sans pouvoir me relever. Les larmes coulaient en silence, non, je ne criais pas, j'étais au-delà du cri. J'avais l'impression que quelque chose brûlait à l'intérieur de mes jambes, mes muscles se rétractaient sous l'effet de la chaleur et c'étaient les os qui éclateraient bientôt. Ma mère m'aida à me recoucher, ses gestes étaient tendres et délicats. Elle aussi avait les larmes aux yeux et je me souviens de m'être forcée à sourire pour ne pas qu'elle s'inquiète. Je ne supportais pas de la voir ainsi. Je ne voulais plus qu'elle pleure, plus jamais. Elle avait eu son lot.

L'attitude du médecin changea du tout au tout. Il diagnostiqua une maladie de Bouillaud, plus connue sous le nom de RAA, ou rhumatisme articulaire aigu, réaction immunologique disproportionnée (je l'apprendrais plus tard) à une attaque de streptocoques. Après des analyses sanguines qui confirmèrent son intuition, le traitement commença, ponctué par d'interminables visites à l'hôpital où il fallait se déshabiller devant tout le monde. On me posait des questions dont personne n'écoutait les réponses. C'était à ma mère de parler pour moi. Elle le faisait toujours avec précision, et les médecins semblaient particulièrement apprécier son chapitre sur les antécédents familiaux — un de mes cousins germains avait souffert de la même affection.

Elle commentait les résultats des examens, la courbe de température et la courbe de poids. Elle parlait du régime drastique que nous suivions à la lettre, non, ni sucre ni sel, n'était-il pas possible tout de même de manger un peu de fromage pour équilibrer les repas ? Elle disait « nous » pour parler de moi, comme mon père disait « nous » pour parler de lui. J'aimais sa façon de prendre les choses en main. J'avais une maman non seulement très belle, mais très compétente. Elle ressemblait à l'héroïne de ce livre, *Maman arrange tout,* qui resterait longtemps mon album préféré à cause de son titre.

Un jour à l'hôpital, un jeune médecin remarqua une petite cicatrice que j'avais à la base du pouce. Il mit ses lunettes et la regarda de plus près, soulevant mon bras et le faisant pivoter sous la lumière comme pour en révéler la nature cachée. Je ne sais plus aujourd'hui quelle en était l'origine, mais je devais le savoir alors et voulus le signaler au jeune homme, lui expliquer que cette marque n'avait rien à voir avec la maladie pour laquelle j'étais soignée. Mais le professeur était en pleine démonstration et on me fit signe de me taire, une fois de plus. J'ai gardé de ce rappel à l'ordre un mauvais souvenir, comme si cette information n'était pas aussi anecdotique qu'elle en avait l'air. Je ne sais pas d'où me vient cette idée, il ne s'agit pas d'un souvenir, non, d'une intuition plutôt. J'ai l'impression que cette cicatrice est le résultat d'une morsure, oui, mon père saisissant ma main et la mordant, et curieusement, aussitôt après, les rôles s'inversent et c'est moi qui mords mon père, le poing de mon père qu'il tient serré devant mon visage, et il dit mords, mords, et je ne mords jamais assez fort, et ça le fait rire.

Je repense aux dents de lait de mon père rangées avec le camée dans la commode de ma grand-mère.

Pourquoi retient-on certaines choses en apparence anodines, alors que des pans entiers de l'enfance tombent dans l'oubli ? Je ne pourrais rien dire, par exemple, de la façon dont j'occupais mes journées. Aucun souvenir à ce sujet. Nous n'avions pas la télévision. La radio ? Oui, sans doute. M'apportait-on des devoirs de l'école ? Quelqu'un était-il payé pour me tenir compagnie pendant que ma mère travaillait ? Et payé avec quel argent ? Je me rappelle m'être inquiétée de cela, de ce que tout cela représentait comme dépenses, les électrocardiogrammes à domicile, les prises de sang et les médicaments. J'avais honte de coûter si cher à ma mère. Un lit en rotin et une couverture toute neuve me furent attribués dans ce coin du salon où était installée la bibliothèque de mon père. Il n'était plus question d'aller à l'école. Ni de partager la chambre de Martin. Finies les blagues et autres conversations dans le noir avant de s'endormir. J'étais mise de côté en attendant d'être réparée.

De longs mois je restai allongée, fillette bouffie de cortisone à qui on laissait entendre qu'elle ne grandirait plus, car telle était la conséquence possible des rhumatismes articulaires, interrompre la croissance, sans parler des séquelles cardiaques que le médecin redoutait par-dessus tout, répétant à l'envi cet aphorisme qu'il semblait très fier d'avoir retenu, et qui me laissait un goût bizarre dans la bouche : *Le RAA lèche les articulations et mord le cœur.*

Si cette phrase me parut toujours effrayante, les séquelles en elles-mêmes ne m'inquiétaient pas outre mesure : la mort précoce était une tradition familiale, très jeune je m'étais habituée à l'idée de ne pas vieillir. Quant à la taille, là aussi, j'étais habituée. Depuis toujours, je faisais partie des plus petites de la classe, celles qui posaient au premier rang sur les photos. Tout le monde était grand autour de moi, ma mère, mes frères, mes camarades, jusqu'au souvenir de la silhouette paternelle. C'était ainsi, ça ne me gênait pas. Le plus dur à supporter dans l'histoire était les piqûres de pénicilline matin et soir qui venaient s'ajouter au traitement à la cortisone. Pour me donner du courage quand l'infirmière sortait sa boîte métallique, je regardais les livres. Je me raccrochais à ces mots que mon père avait choisis. J'ai parlé de cette bibliothèque dans mon roman sur la pornographie, parce qu'il y avait pour moi quelque chose de l'ordre de la transgression dans le seul fait d'en déchiffrer les titres. Mon père m'avait-il interdit d'y toucher ? Je me souviens clairement d'un roman qui s'appelait *Les tiroirs de l'inconnu.* J'y puisai une force considérable.

Avec les enfants, nous avons commencé il y a quelques jours *Le merveilleux voyage de Nils Olgersson à travers la Suède* de Selma Lagerlöf. C'est le premier livre que j'ai lu en édition de poche. Nil (sans *s*) est le nom du crocodile en peluche d'Élio, aussi m'écoute-t-il avec plus d'indulgence que Merlin qui trouve décidément les descriptions de paysages bien ennuyeuses. Certaines scènes me reviennent en mémoire avec une clarté bouleversante — celle, par exemple, où le garçon condamné à rester petit parce qu'il a maltraité les animaux s'élève dans les airs sur le dos du jars domestique. Il va rejoindre les oies sauvages. Quand il reviendra chez ses parents après sa longue traversée, il aura cette phrase qui me rappelle celle de Pinocchio retrouvant son père dans le ventre du requin : « Je suis grand, dit à son tour le héros de Selma Lagerlöf, je suis grand maintenant. »

J'étends mes jambes. Je touche le mur du bout des orteils. Je m'étire. Ma mère raconte qu'un jour, vers l'âge de 14 ans, j'ai annoncé que j'allais la dépasser. La dépasser en taille, s'entend. Et c'est ce qu'il advint, même si je ne me souviens pas d'avoir prononcé cette phrase, ni lancé, ne serait-ce qu'en pensée, un tel défi : sur la photo de classe, en première, je suis debout au dernier rang. Je mis beaucoup de temps à apprivoiser ce corps qui correspondait si peu à ce que je connaissais de moi. Encore aujourd'hui, je suis étonnée lorsque je surprends mon reflet dans les vitres du métro.

En faisant la lecture aux garçons, je lutte pour garder les yeux ouverts, comme hypnotisée par ma propre voix. Quand je me couche enfin, je reste de longues heures éveillée à penser au travail de la journée. Parfois, j'ai l'impression que les souvenirs se bousculent, et qu'il faudrait des années pour en venir à bout. D'autres soirs, il me semble que je n'ai rien à dire. Encore un ou deux chapitres et le livre sera bouclé. Il serait tellement plus simple de raconter une histoire avec un début, un milieu, une fin. J'ai dans mon bureau trois chemises truffées de notes qui sont autant de pistes pour des romans à écrire, ce n'est pas le moment de m'y plonger. J'ai passé tant d'années à avancer les yeux mi-clos — à croire que je n'ai fait que ça dans ma vie : proprement, sans esclandre, nier l'existence de mon père. Roger Nimier, ou comment s'en débarrasser. Je n'emploie pas le verbe *nier* par hasard. Pendant toutes ces années, je ne signai pas Nimier, mais Ni(mi)er. Je traçais à la place du *m* une barre bien droite, et le *i* disparaissait lui aussi, emporté par le mouvement de la main. Je m'en suis aperçue en remplissant un chèque chez le dentiste. C'était un homme d'une rare gentillesse. Il travaillait en musique.

Quand il passait la roulette, sa tête battait la mesure. Ce n'était pas toujours très rassurant. Il aimait le jazz et l'art contemporain, je crois qu'il peignait aussi. Je ne lui ai pas expliqué pourquoi j'étais devenue si rouge au moment de lui donner le chèque, mais il vit bien que quelque chose n'allait pas. Il me demanda si je préférais payer le mois suivant, ou même ne pas payer du tout, si je n'en avais pas les moyens. Je n'avais pas la sécurité sociale à l'époque, n'étant plus étudiante et ne gagnant pas encore assez de droits d'auteur pour être affiliée au régime des écrivains — mais cette fois, si j'étais à découvert, ce n'était pas une question d'argent. Je venais de toucher une avance pour mon prochain roman, je pouvais régler mes dettes, et j'étais fière de pouvoir le faire. J'ai déchiré le chèque et j'en ai établi un autre en prétextant que je m'étais trompée dans le montant des honoraires. Je me suis appliquée à écrire mon nom de famille en entier : c'était soudain comme si je ne savais plus l'orthographier. Tu imagines la panique, ne plus savoir comment tu t'épelles. J'ai mis longtemps à retrouver une signature fluide.

Sans doute faut-il en passer par là, quand on n'a pas su faire autrement. Changer la forme pour interroger le fond. Est-ce une preuve de maturité ? Tout cela me semble bien scolaire. Il paraît que Nimier vient de linier, celui qui cultive le lin. J'aimerais avoir la légèreté de ces petites fleurs bleues. Comme mon père, je suis large et campée, solidement ancrée sur des jambes trop lourdes.

Je me pose parfois la question : Que serait devenu mon père si j'étais morte avant lui ? Une roue qui se détache, un pneu qui fait fausse route... J'ai retrouvé ce matin l'article sur l'hérédité, et cette photo où je mange une petite voiture. Quelques pages plus loin, je me suis arrêtée sur celle de Margaret Salinger assise sur les genoux de son père. Nous nous ressemblons un peu. Salinger vit reclus dans sa propriété du New Hampshire. On n'a rien lu de lui depuis trente ans, mais ce n'est pas pour autant un auteur silencieux : il aurait une quinzaine de romans entreposés dans son coffre-fort. J'ai essayé de me mettre à la place de la fillette sur les genoux de son papa, mais je n'y suis pas arrivée, comme si la case « portraits de famille » avait été oblitérée dans mon cerveau. Salinger a la bouche ouverte, il parle et se veut convaincant. Il regarde sa progéniture dans les yeux. Margaret se tortille les mains, attentive et boudeuse. Peut-être est-il en train de lui raconter la naissance du monde. Ou de lui expliquer qu'il faut aller faire la sieste si elle veut être en forme pour la promenade. L'image d'un bon papa, en somme, avec son cortège de souvenirs délicieux : les projections des films de Hitchcock dans le salon et le bruit de la pellicule giflant la paume lorsqu'elle s'échappe du projecteur, cette partie de frisbee avec les dauphins de l'aquarium de Miami ou ces pièces de monnaie qu'il donnait sans compter pour alimenter le juke-box. Mais en marge de ce portrait réjouissant, ou plutôt venant l'assombrir, se dessine sous la plume de sa fille la figure d'un gourou maléfique naviguant entre les croyances sectaires, du néobouddhisme à la scientologie, infligeant à sa famille des séances d'acuponcture avec des cure-dents et ne supportant de la part de son entourage aucune défaillance. Dans son monde, écrit Margaret Salinger, tout défaut est une trahison et fait de vous un moins que rien. Elle parle de cette cabane dans les bois où il s'enfermait pour travailler. Très jeune, elle avait pris l'habitude de lui apporter son déjeuner. Son père n'avait jamais été obligé de lui interdire de regarder ce qui traînait sur son bureau. Margaret n'a jamais lu la moindre de ses notes : elle s'appliquait à détourner le regard pour éviter d'en prendre connaissance, ne serait-ce que par inadvertance. Je me revois dans le salon, déchiffrant en cachette les titres des romans. On peut aisément imaginer ce que fut pour Salinger la lecture du livre de sa fille, lui qui avait su si bien imposer à ses proches sa discrétion maladive. Sûrement de quoi se brouiller à vie avec elle.

Qui sait ? Peut-être était-ce ce qu'elle cherchait, un prétexte pour ne plus lui parler. La raison pour laquelle je m'attarde sur le témoignage de Margaret Salinger, c'est que j'ai moi-même longtemps prétendu que je ne me serais pas entendue avec mon père. Si l'on m'obligeait à préciser ma pensée, j'évoquais ses orientations politiques, mais aussi de façon plus concrète sa manière de parler des femmes dans ses livres, son amour des armes, des uniformes et des voitures de course — toutes choses qui m'étaient parfaitement étrangères. Pour l'adolescente que j'étais, il y avait incompatibilité. Roger Nimier appartenait décidément à ce passé dont nous voulions faire table rase, et lorsque nous criions dans les manifestations « Flics, fascistes, assassins », je priais pour que l'on ne découvrît pas un jour d'où je venais. Un père royaliste, ça la fichait mal. J'aurais toujours pu me défendre en nuançant ses positions, ressortir l'épithète « anarchiste de droite », bien utile en ce genre d'occasion, mais qu'aurais-je répondu si l'on avait appris que l'ignoble Louis-Ferdinand, l'auteur de *Bagatelles pour un massacre*, m'avait fait sauter sur ses genoux, et pis, que je gardais de mes visites à Meudon un souvenir merveilleux ?

Il me semble comprendre aujourd'hui ce qui me conduisit à forger cette certitude (l'idée de l'incompatibilité), au-delà des arguments politiques et autres considérations vacillantes liées à l'époque. Plus profondément, et sans que jamais dans mon adolescence engagée je ne réussisse à le formuler : mieux valait un père mort qu'un père qui menace de vous enlever. De vous arracher à votre mère que vous adorez. Qu'un père qui éventre les canapés. Qu'un père qui essaie d'étrangler sa femme puis revient le lendemain avec une brassée de roses.

Ou qui se coupe les veines dans un lit fraîchement changé.

Nous y venons. Des draps blancs en apparence, comme mon mariage aux États-Unis. Les voilà qui trempent dans la baignoire. C'était bien avant l'installation de la machine à laver, bien avant l'arrivée du perchiste sur la porte du placard. Des draps blancs d'où s'échappent des filaments de couleur rouge. Je plonge ma main dans la baignoire, l'eau est froide, je touille un peu. Un nuage rosé s'élève au-dessus du tissu. J'ai mouillé la manche de mon pyjama. Je m'essuie le bras sur le peignoir accroché au mur, il tombe, je ne suis pas assez grande pour le raccrocher. J'entends ma mère parler au téléphone, enfin j'imagine que je l'entends, car rien n'est sûr en vérité, tout cela m'apparaît aujourd'hui comme une reconstitution, une mise en scène. Dans la poubelle de la salle de bains, quelque chose attire mon regard. C'est une lame de rasoir — je ne le sais pas encore, je n'ai pas de mot pour désigner cet objet précieux. J'ai envie de le prendre, mais je sais qu'il est interdit de fouiller dans les poubelles. J'ai l'impression que mon père n'est plus dans la chambre, de l'autre côté de la cloison, peut-être l'a-t-on conduit à l'hôpital. De mes frères non plus, nul souvenir. Dormaient-ils profondément ? Cela se passait-il pendant la nuit ? Ma mère est persuadée que je n'ai pas assisté à la scène, que je n'ai pas vu les draps dans la baignoire — encore moins la lame de rasoir. C'est une des dernières choses qu'elle m'a racontées sur mon père, cette tentative de suicide, avant elle personne ne m'en avait jamais parlé. Mais alors, si je n'ai rien vu, comment expliquer ?

Comment expliquer le souvenir de cette conversation entre notre nounou de Saint-Quay-Portrieux et l'un de ses amis ? Elle disait que, pour ne rien sentir, il suffisait de se trancher les veines sous l'eau. Se les trancher, insistait-elle, comme on tranche du pain ou une botte de poireaux. En prenant son bain, par exemple. Je revois exactement la place de chacun dans la pièce, moi allongée sur le divan, la tête dans les coussins, faisant semblant de somnoler mais n'en perdant pas une miette, ma nounou assise près de la fenêtre et l'ami en question dans le fauteuil des invités. C'est la seule image qui me restera de cet été-là. Pourquoi avoir retenu cette conversation, si je n'avais pas été, comment dire, sensibilisée à la question ? L'homme, l'ami de la nounou, confirme : c'est vrai, ça ne fait pas mal de se couper les veines sous un robinet qui coule. Comme si le problème était là, au moment de mourir : avoir ou ne pas avoir mal.

Comment expliquer ma phobie des couteaux en général, et des lames de rasoir en particulier, et cette façon que j'ai toujours eue de me protéger les poignets ? Martin avait découvert mon point faible, mon talon d'Achille à moi, et quand il voulait me torturer il lui suffisait de cisailler avec son index les veines de son avant-bras, mimant le passage d'un objet tranchant. Il le faisait n'importe où, au moment le plus inattendu, à table, sur le chemin de l'école ou pendant que ma mère nous parlait. Ça marchait à chaque fois. Mon frère n'avait pas seulement hérité de mon père les œuvres de Dumas et le Larousse en dix-sept volumes. Il avait hérité également d'un talent particulier pour ces actions de sadisme ordinaire signalées ici et là par les amis de mon père comme étant sa marque de fabrique, son petit défaut charmant. Rien de méchant, en apparence, enfin rien qui ne le désignât aux autres comme coupable de méchanceté. J'étais une cliente rêvée, benjamine choyée sans doute, à qui de temps à autre il fallait bien montrer sa supériorité. Il avait refilé le tuyau à ma meilleure amie (celle des hamsters), qui se servit de cette information au compte-gouttes, mais tout de même, qui s'en servit avec un aplomb qui me fait encore frissonner. Dès que j'ai su tricoter, je me suis confectionné de larges bracelets de laine qui m'aidaient à affronter le monde et ses dangers imaginaires. J'en avais de toutes les couleurs, je les assortissais à mes habits. On trouvait ça joli : j'étais moins vulnérable. J'avais aussi un bracelet de force en cuir que l'on m'avait acheté dans une pharmacie pour faire de la sculpture sur pierre. J'adorais le porter. Aujourd'hui encore, lorsque je travaille, je pose bien à plat mes poignets sur le bas du clavier. J'aime sentir que rien ne peut se glisser entre ma peau et le plastique. Pas même une feuille de papier. Ça coupe, le papier. Je ne supporte pas la vue d'un cutter ouvert qui traîne sur une table. Il m'est difficile de m'en servir. Je ne le fais qu'en cas d'extrême nécessité et le range aussi vite que possible dans le tiroir du bureau. La nuit, je dors les mains repliées.

Comment expliquer enfin ce plongeon dans la Seine qui à tous — moi y compris — parut inexplicable ? Je n'ai pas envie d'en parler longuement ici, mais l'évoquer au moins, ne pas faire l'impasse. Je venais d'avoir 25 ans. Je me suis jetée du pont de l'Alma en pleine nuit après avoir avalé quatre boîtes de barbituriques. Je n'avais pas de chagrin d'amour, j'étais en bonne santé, je travaillais dans une troupe de théâtre musical aux États-Unis, et ça marchait bien pour nous.

Alors pourquoi cette certitude qu'il fallait en finir ? En finir parce que, justement, tout allait bien, tout allait *encore* bien, comme s'il fallait partir au meilleur de sa forme, que la descente n'était pas concevable ? Je m'évanouis quelques secondes après avoir senti la claque de l'eau. Je me disais : arrête de te débattre, ne t'agite pas, laisse-toi couler, et puis plus rien. Je me réveillai à l'hôpital. J'étais raccordée à des tuyaux qui me faisaient mal. Une vieille dame, les mains entre les cuisses, gémissait dans un lit voisin. J'avais tout prévu pourtant, pris garde qu'aucune voiture ne s'engage sur le pont au moment où je sautais dans la Seine. J'étais lourdement habillée, jupe longue et manteau de velours qui étaient maintenant suspendus dans une armoire à côté du lit. Ils étaient secs et racornis. Au bout d'un temps qui me parut interminable, une infirmière entra dans la chambre. Elle me demanda où j'allais, habillée comme ça, en désignant mes vêtements. Si c'était pour une fête, tout ce tralala. Oui, une fête, en quelque sorte. Je n'avais pas la force d'expliquer. J'avais très soif. Elle voulait savoir qui elle devait prévenir. Je donnai le numéro de téléphone de ma mère et celui d'une amie, et c'est en prononçant ces chiffres que je compris que je m'étais ratée. Seul le contenu de mon sac à main avait coulé au fond de la Seine : ma carte d'identité, un paquet de cigarettes, un petit chat japonais porte-bonheur auquel je tenais beaucoup. Le chauffeur du taxi m'avait demandé de quel côté du pont de l'Alma il fallait me déposer. J'avais répondu « peu importe », ça m'avait fait sourire, il n'avait pas relevé.

C'est en Irlande que j'ai pensé pour la première fois à me suicider. J'avais 11 ans, peut-être 12. J'étais assise en haut d'une falaise. Pas de vent, pas d'embruns, non, pas de décor sensationnel, quelques bateaux au loin. La mer, les vagues venant mourir sur la plage déserte. Je ne sais ni comment ni pourquoi c'est venu. J'ai eu juste envie de me laisser tomber. Envie très fort de mourir.

Je retrouve aujourd'hui le témoignage d'un ami de Roger Nimier. Il parle de cette semaine de l'été 1962 qu'ils avaient passée ensemble en mer d'Irlande, quelques mois avant l'accident. Où étais-je alors ? En Normandie ? À Saint-Quay-Portrieux ? Irlande, le mot resterait gravé dans mon esprit comme le dernier lieu où mon père avait pris des vacances. Irlande, ou la certitude qu'un saut dans le vide suffirait à renverser l'histoire. À la faire basculer. Si mon père ne revenait pas, c'était sans doute à moi de le rejoindre. De lui j'ai traîné la mort comme un vieux manteau de lapin rapiécé, un doudou crasseux, de ceux qui partent à la lessive parce que la mère en a décidé ainsi, par mesure d'hygiène — mais l'enfant au matin pleure de ne pas reconnaître son odeur fétiche. Qu'elle soit bonne ou mauvaise, là n'est pas la question. Pas la question d'aimer ou de ne pas aimer ce père dangereux. De s'entendre ou de ne pas s'entendre avec lui. Il faut faire avec. L'absence, la peur, la peine, faire avec. Au pis, comme l'avait souligné le journaliste, encaisser. Au mieux, composer, comme on compose un bouquet de fleurs.

Le break était rouge, pourtant, impossible de le manquer. Rouge vif, comme l'Aston Martin du testament paternel. J'avais bien conduit jusque-là, l'inspecteur avait l'air content. Je passais mon permis pour la troisième fois. Et puis voilà, ce truc flamboyant engagé à l'intérieur du dernier rond-point. Comment se fait-il que vous ne l'ayez pas vu ? J'ai menti un peu, j'ai dit que j'allais freiner, que l'inspecteur m'avait devancée de peu. Mais non, très honnêtement, pas vu, et puisque nous y sommes : la voiture de Roger Nimier n'était plus rouge au moment de l'accident, mon père l'avait fait repeindre en marron. Les journaux cependant la décrivent telle qu'ils voulaient la voir, rouge, vraiment rouge. Longtemps c'est ainsi que je me représenterais l'Aston Martin, comme s'il y avait un lien intime entre l'intérieur du corps de mon papa et l'enveloppe qu'il s'était choisie, le sang et la tôle, corrélation parfaite, appelant l'inéluctable compression désignée le plus couramment sous la plume des autres par les mots « destin » ou « destinée ». Aujourd'hui encore, il est difficile de l'imaginer autrement, cette voiture, comme si tu disais que James Dean fumait la pipe. Marron, c'est sûr ? La légende est tenace qui laisse son empreinte en des lieux où la réalité n'a pas de prise. Les doigts glissent, l'esprit s'embourbe, et pourtant oui, marron, la couleur de la terre et des excréments. Marron, comme dans être marron, se faire rouler, prendre au piège, en l'occurrence, des projections collectives.

Je n'avais pas eu de ses nouvelles depuis longtemps, et de voir le nom de cet ami romancier apparaître en haut de la liste des correspondants me fit un plaisir immense. Il me demandait où j'en étais. Je ne suis pas inquiet pour toi, écrivait-il, je n'ai jamais été inquiet pour toi, mais j'aimerais au moins savoir si tu te sens bien dans ton travail. Une phrase, c'est comme un vêtement. Il ne faut pas qu'elle gratte dans le dos, qu'elle gêne aux emmanchures ni qu'on s'y sente endimanché, ou tarte.

Tarte, oui, parfois. Endimanchée ? Non. Me reviennent à l'esprit ces quelques mots extraits d'un monologue mis en scène cet automne à la Ferme du Buisson. « Ce que tu peux être pathétique, ma pauvre fille », se disait le personnage principal à lui-même après avoir évoqué la mort de sa petite sœur.

J'entends la voix de la comédienne. Je vois ses yeux se lever au ciel, et son sourire malicieux lorsqu'elle ajoutait en se redressant : « Mais personne ne le saura, personne. Je suivrai jusqu'au bout la devise de Guillaume d'Orange : Je maintiendrai. »

Le maintien, est-ce que ça signifie quelque chose quand on parle de la disparition d'un être aimé ? Oui, bien sûr, on apprend ça très jeune en écoutant les conversations des adultes. Comment la cousine d'untel ayant perdu son fils a fait preuve d'un courage admirable. La dignité, la tenue. Ne pas se répandre. Ne pas s'apitoyer. Ne pas se plaindre surtout, ah non, voilà qui serait le comble du mauvais goût. Et si la phrase gratte, si elle te donne des boutons, faut-il pour autant s'en défaire ? Ne suffirait-il pas de couper l'étiquette ? D'oublier la composition ? De laisser aller les mots plutôt que de vouloir à tout prix les ajuster au corps de l'histoire ?

J'ai longuement répondu à mon ami, et j'ai précisé, comme pour me rassurer moi-même, que j'avançais — non, pas que j'avançais (je viens de vérifier), que « ça » avançait, comme si ces mots ne m'appartenaient plus tout à fait déjà, qu'ils étaient ailleurs, menant leur propre vie, se reproduisant selon des règles qui commençaient à m'échapper. Je lui ai raconté les dernières aventures des garçons, comment nous avions construit dans la forêt une cabane pour les lutins. Comment ils avaient adopté un couple de corneilles, Johnny et Janet, qui se perchaient sur le mur du potager dès que nous nous mettions à table et s'approchaient en se dandinant à mesure que le repas avançait. Je n'ai pas eu le courage de lui parler de la vente aux enchères, je n'en ai parlé à personne jusqu'à présent. Je dois d'abord me faire à l'idée de cette vente. Je dois d'abord l'apprivoiser, comme les enfants ont apprivoisé les corneilles. Tout a commencé par le regard pétillant du marchand de journaux, au village, mardi dernier. Il avait quelque chose à me montrer, quelque chose qu'il avait mis de côté à mon intention. Il a attendu que les autres clients aient quitté le magasin pour disparaître quelques instants sous son comptoir. Lorsqu'il a réapparu, les cheveux en broussaille, il tenait à deux mains tel un trophée de chasse un exemplaire hors série de *La Gazette du collectionneur.*

L'animal exhibé sur la couverture n'était ni un lion rugissant ni un grand cerf aux bois sculptés, mais une grenouille en jade vert chewing-gum incrusté de pierres précieuses qui me fit penser à ce restaurant où mon père avait rendez-vous le soir de sa mort. Mais le marchand de journaux, aussi bien informé fût-il, ne pouvait pas connaître Roger la Grenouille. Pour quelle raison avait-il pensé à moi en recevant ce numéro de *La Gazette* ? Je ne suis pas une collectionneuse, le contraire d'une collectionneuse : je n'aime pas garder. Je n'aime pas avoir. Posséder. Est-ce le propre des orphelins ? Le vide me rassure — c'est le plein qui m'inquiète. Je ne pense pas seulement à ces objets décoratifs qui s'entassent sur les étagères des salons et des chambres, mais également aux simples accumulations domestiques de nourriture ou de produits ménagers. Je suis effrayée par la quantité de marchandises que les gens achètent pour meubler leurs placards, au point que l'on pourrait croire que ce sont les placards eux-mêmes qui réclament leur dû, eux qui ont faim, eux qui imposent leur loi et regardent les publicités.

Je pris la revue et commençai à la feuilleter. Le dossier principal était consacré à la maison du collectionneur de grenouilles. Il vivait entouré de batraciens en tout genre, pouf, théière, bidet, lanterne, jusqu'aux buis de son jardin qui étaient taillés à l'effigie de son animal fétiche. Comme je m'attardais sur cet article, le marchand de journaux me suggéra de me reporter à la rubrique des ventes aux enchères, quelques pages plus loin. Je tombai sur la reproduction d'une photo prise sur un bateau. Face à l'objectif, un jeune homme cachait ses yeux derrière un livre. La légende confirma mon intuition : ce jeune homme, c'était mon père.

Mon père que je voyais photographié en couleurs pour la première fois de ma vie.

Je me tournai vers le mur pour cacher mon émotion. Jamais je n'avais pensé à ça. Je m'étais dit qu'il n'existait pas de photos de mon père avec nous, ses enfants, et bien peu où on le voyait en entier (je les découvrirais très tard, la seule image que je connaissais de lui durant mon enfance étant un triste portrait posé sur la cheminée), mais il ne m'était jamais venu à l'esprit que toutes ces représentations, sans exception, étaient en noir et blanc.

Une voix inconnue me fit sursauter. Une voix haut perchée, un peu traînante. C'était un client qui me demandait... mais que me demandait-il ? Qu'attendait-il de moi ? Simplement que je me pousse un peu, rien de grave, pour accéder au livret de mots croisés qui se trouvait derrière le tourniquet. Je refermai la revue, un peu gênée d'avoir été surprise en train de découvrir ces pages qui me concernaient de si près, comme s'il y avait quelque chose d'obscène à voir son père en couleurs. Le marchand de journaux attendait mes commentaires. Je balbutiai de vagues remerciements. Croyant lire dans mon embarras l'expression de ma déception, il se sentit obligé de se justifier. Il imaginait bien que j'étais au courant de l'événement, mais peut-être pas du supplément de *La Gazette* — l'article annonçait en effet la vente de trois manuscrits de mon père ainsi que des lettres adressées à un ami. Je le remerciai encore. J'étais ailleurs, troublée par la photo, mais aussi désemparée à l'idée que des collectionneurs et des marchands allaient se réunir dans une salle des beaux quartiers de Paris, et qu'il suffirait à l'un d'entre eux de signer un chèque un peu plus important que celui du voisin pour emporter chez lui des pages écrites de la propre main de mon père. Un instant je me vis lever le doigt, je me vis leur tenir tête pour racheter mon héritage, couvrant d'un geste minimal la plus haute des enchères, mais la réalité était là, autrement angoissante : je n'avais pas d'argent de côté, et aucun moyen de rembourser une telle somme. Je n'avais plus qu'à laisser filer. Au fond, si je voulais être tout à fait honnête avec moi-même, je n'avais pas envie de posséder ces papiers, de les avoir chez moi. Ce qui me dérangeait, c'était de les voir partir chez des inconnus. Que contenaient ces lettres ? Que révéleraient-elles ? Tu aimerais, toi, que l'on vende ta correspondance personnelle à n'importe qui ? Au plus offrant ?

De retour à la maison, je m'enfermai dans mon bureau pour lire attentivement la suite de l'article. Franck frappa à la porte et je cachai précipitamment le journal derrière mon ordinateur. Il voulait simplement me dire qu'il sortait. Serait de retour pour le dîner. Parmi les manuscrits mis aux enchères figurait celui des *Enfants tristes*, mon roman préféré avec *L'étran-*

gère. Trois volumes « très exceptionnels », précisait le journaliste, obéissant à l'ordre voulu par Roger Nimier : manuscrit autographe, pages supprimées et tapuscrit, sous une reliure grise mouchetée de blanc dans laquelle s'ouvraient des fenêtres irrégulières où apparaissait une phrase manuscrite extraite de la seconde partie du roman : « Son nom était Clarence, un drôle de nom. Un nom qui lui était venu comme ça. Il était très beau, ce petit garçon. »

Je me demandais sous quelles influences mon père avait baptisé ainsi le fils de son héroïne. Un nom qui lui était venu comme ça, écrivait-il — mais mon père laissait-il jamais venir les choses « comme ça » ? Lui qui à 16 ans avait lu tous les livres de la bibliothèque de son quartier, pouvait-il nommer un de ses personnages en faisant uniquement confiance à son intuition ? Je repris ma lecture. Les lettres de mon père étaient au nombre de 56. Elles étaient adressées à un ami collectionneur (celui avec qui il était allé en Irlande), son exact contemporain, Breton bibliophile passionné d'océanographie qui possédait la même voiture de sport que lui, mais la conduisit de façon moins périlleuse, semble-t-il, puisqu'il mourut de maladie, et que c'est sa précieuse bibliothèque que ses héritiers vendaient à présent, le clou de la vente étant, accroche-toi, ça mériterait un corps légèrement supérieur comme dans *La Gazette*, les 1 565 feuillets manuscrits de *Nord* de Louis-Ferdinand Destouches, dit Céline, ce même Céline qui, mais je me répète, faisait sauter sur ses genoux l'enfant de son jeune éditeur, sa petite Marie, qu'il trouvait, je cite, toute délicieuse et songeuse. Nous sommes au printemps, je vais avoir trois ans.

« Je veux la revoir, écrit Céline à Roger Nimier, elle me fait rêver, je l'aime, et de si beaux yeux ! Ah vous n'avez pas fini d'empêcher que les amoureux se suicident. »

Pour l'anecdote, une interview de la fille du collectionneur accompagnait l'article de *La Gazette*, et j'y découvris avec un certain amusement qu'elle n'était pas fâchée de se séparer du manuscrit de *Nord* qui ne lui rappelait que de mauvais moments. Elle gardait de son auteur un souvenir « hautement antipathique », le décrivant dans son gilet en peau de bête « qui rappelait le pelage des deux bergers allemands couchés à ses pieds ».

Céline, ajoutait-elle, ne communiquait que pour exprimer sa haine — « Encore un enfant, grommelait-il, encore un de ces enfants de bourgeois, je déteste les enfants ! »

Quelques jours plus tard, je reçus un petit mot de la fille en question. Elle m'annonçait la vente et me proposait très gentiment de venir consulter les documents à Paris avant qu'ils ne soient dispersés. Je pris aussitôt rendez-vous. J'arrivai en avance. On me fit entrer dans une salle avec des tables en bois et des vitrines remplies de dossiers. Les lettres étaient regroupées dans des classeurs élégants. Elles se présentaient sur des supports les plus divers, allant de papier de grands hôtels aux télégrammes bleus de l'époque, en passant par une photo de Martine Carol, des images grivoises ou le papier d'emballage d'une sucette Pierrot Gourmand. La première lettre que je lus était un canular signé Henri Baudard, directeur des établissements Baudard et Co, place Vendôme, fabricant de

119

godemichés. Je la recopiai comme si en retraçant les mots de ma propre écriture je pouvais me les approprier ou — mieux encore — les faire disparaître de leur support initial, les aspirer, rendant le papier à sa virginité. « Vers le 10 janvier, écrivait Henri Baudard, alias Roger Nimier, la machine que vous nous avez commandée pourra vous être fournie avec le mode d'emploi. Une de nos démonstratrices viendra d'ailleurs vous guider dans vos premiers pas, afin que vous n'éprouviez aucune déception. Au cas où vous souhaiteriez conserver cette démonstratrice à domicile, au-delà de trois jours, nous pourrions vous la facturer à raison de 45 NF la demi-journée et 55 NF la demi-nuit. Si vous adoptiez la formule, je me permets cependant d'insister personnellement auprès de vous pour que vous ne fassiez pas un usage excessif de votre godemiché, nos démonstratrices ne dépassant jamais la dix-huitième année. »

Suivaient les salutations d'usage.

Quelques pages plus loin, en guise de contrepoint, on trouvait un ticket de métro poinçonné en forme de cœur. La pièce suivante était rédigée sur une feuille jaunie à en-tête de la NRF. Elle était datée du 27 août, le lendemain de ma naissance. Mon père travaillait à cette époque avec Louis Malle sur le scénario d'*Ascenseur pour l'échafaud.* J'attendis d'être seule pour découvrir le contenu de la lettre. Je pris une longue inspiration et commençai à la lire comme on ouvre un cadeau, dénouant soigneusement le ruban pour faire durer le plaisir. Après avoir parlé de choses et d'autres, mon père annonçait ainsi mon arrivée au monde :

« Au fait, Nadine a eu une fille hier.

J'ai été immédiatement la noyer dans la Seine pour ne plus en entendre parler.

À bientôt, j'espère.

Roger Nimier »

Les fées qui se penchent sur nos berceaux ont parfois des allures peu courtoises. J'ai repensé au pistolet pointé sur la tempe de mon frère nourrisson, et, la menace se rapprochant, à ma tentative de suicide, ce plongeon dans la Seine justement, comme si j'avais voulu, vingt-cinq années plus tard, mettre à exécution les mots de mon père. Les valider, au premier degré, avec cette belle confiance des enfants qui croient en leurs parents. C'était un geste simple et prémédité, un geste que j'avais souvent répété le soir, avant de m'endormir, comme d'autres récitent leurs prières. Un geste soufflé du dehors qui ressemblait à une mission plus qu'à un acte désespéré. Il n'y a qu'une seule façon de le faire, disait un chorégraphe américain, c'est de le faire. Et je l'ai fait. J'ai enjambé le parapet. Le gardien de nuit d'une péniche a vu quelque chose se débattre dans les eaux grises. C'est à lui que je dois la seconde partie de ma vie.

Cette coïncidence entre cette drôle de façon d'annoncer ma naissance et ma tentative de suicide, appelons ça une coïncidence, me laissa non pas triste, mais bouleversée. Ce que j'avais découvert tenait à la fois de la révélation — de ces satori décrits par les Japonais comme des éblouissements de l'œil, des illuminations — et de l'amertume. J'ai refermé le classeur et je suis partie après avoir remercié le jeune homme qui m'avait apporté les documents. J'aurais aimé qu'il me prenne dans ses bras. Qu'il me passe la main dans les cheveux, comme pour dire que tout irait bien maintenant, que le plus difficile était derrière moi.

Les journées qui suivirent la découverte de la lettre du 27 août furent plus calmes que prévu. J'en parlai longuement avec Franck, sans éprouver la gêne que j'avais ressentie lorsqu'il était entré dans mon bureau alors que je lisais l'article sur l'annonce de la vente. Quelque chose trouvait doucement sa place. Hier, j'ai encore rêvé de mon père. Il était debout sur le toit d'un immeuble parisien. Il tenait une carafe en cristal remplie de vin, le bouchon lui échappait des mains et venait se briser à mes pieds. Je ne savais pas si je devais ramasser les bouts de verre, ils étaient beaux pourtant, ils ressemblaient à des pierres précieuses. J'avais peur de me couper. Je levais les yeux : mon père n'était plus là, il avait été remplacé par Ivan Rebroff, qui jouait du violon, assis à califourchon sur le faîte.

Je me réveillai en sursaut. Il était l'heure d'aller préparer le petit déjeuner, déjà les enfants s'habillaient dans leur chambre. Je pensai à la lame de rasoir dans la poubelle de la salle de bains. Au *Hussard sur le toit* de Jean Giono. À Michel Tournier qui, dans *Le vent paraclet*, décrivait ainsi Roger, son ancien camarade de

classe : un gros garçon doté d'une précocité monstrueuse qui ne cessait de manger ces biscuits vitaminés
que l'on distribuait au sortir de la guerre. Je me revois
dans le rêve, marchant sur un trottoir qui aurait pu
être celui du faubourg Saint-Antoine. Mon père était-
il venu à l'hôpital le jour de ma naissance ? Ma mère se
plaît à raconter que, lorsque je suis née, j'étais très
laide. Elle aurait fait part de son impression dans la
salle d'accouchement et la sage-femme lui aurait
répondu « mais non, madame, mais non, elle est très
mignonne », de peur qu'elle ne m'abandonnât. Voilà
ce qu'on appelle un bon départ dans la vie. Ce n'est
pas tant ces mots que prononça ma mère qui me lais-
sent perplexe, que son plaisir à les rapporter au fil des
années lors des repas familiaux. Comme si mon père
avait déteint sur elle. Qu'à travers cette anecdote elle
parlait de lui, car si tu connaissais ma mère, sa confiance
en nous, son amour pour ses enfants dans leurs parcours les plus décousus, tu comprendrais qu'il y a là
quelque chose qui ne lui ressemble pas. Quelque
chose qui la dépasse. Je pensais à cela en marchant
dans la rue après avoir consulté les documents qui
allaient être mis aux enchères. J'avais l'impression de
flotter dans mon propre corps. J'entendais le bruit de
mes talons sur le trottoir et je me disais : c'est toi qui
fais ce bruit. Toi qui ponctues la marche, règles son
allure, mesures son débit. Ce n'est pas ton père. Je
suivis longtemps un jeune homme en costume qui parlait au téléphone à une certaine Camille, sans doute sa
petite amie. Il racontait sa matinée, le café du nouveau
distributeur automatique, les dossiers qu'il devrait rapporter chez lui s'il voulait avoir terminé son rapport

avant la fin du mois. Il l'appelait « ma chérie », et c'était joli ce mot qui flottait au milieu des voitures.

De retour à la maison, j'allai chercher dans mon bureau un exemplaire des *Enfants tristes*. Je ne l'avais pas ouvert depuis longtemps. Du manuscrit consulté trop rapidement le matin même, j'avais gardé le souvenir d'une petite écriture ronde et vive. Il y avait de la bonté dans ce tracé, et il me sembla soudain impossible qu'un homme qui écrivait de cette façon puisse pointer une arme sur un bébé. L'idée me vint de faire analyser l'écriture paternelle par un graphologue — jusqu'à présent, je m'étais arrêtée aux textes, à leurs significations, mais que disaient le dessin du texte, sa place dans la page, le rythme de ces blancs qui séparaient les lignes ?

Mon père avait 26 ans lorsque fut publié ce roman — 26 ans, l'âge exact où j'ai commencé à écrire. Les héros des *Enfants tristes* ont cet air un peu décalé que je connais si bien pour l'avoir pratiqué à mes heures. Maussades, embarrassés, le regard dans le vague et la peau autour des ongles rongée jusqu'au sang. L'idéal ne se cherche plus en l'air, quelque part entre un drapeau qui flotte et les cheveux d'une statue, mais par terre, d'où leurs mines penchées qui font ressembler ces nouveaux aventuriers à des vieillards précoces. Après la guerre, ils deviendront de grands jeunes hommes qui travailleront dans l'écriture, le savon ou le papier sulfurisé. Tout cela opaque, comme ces feuilles de papier cristal qui recouvraient certains livres de mon père, mais tout cela qui boit et discute néanmoins de façon fort brillante, entre camarades, tout cela qui s'écoute parler, observant avec une certaine complaisance les mots qui sortent de leur bouche. Les fiancées de ces enfants boudeurs sont des pantins charmants que l'on traite d'idiote sans y croire tout à fait. Ça donne un genre, il faut aimer. Ce qui, au début, passe pour de l'insolence n'est que de la maladresse, qui se transformera au fil des pages en cynisme, puis en accident d'avion ou de voiture. L'ensemble composé à distance, me semblait-il à la relecture, de loin, comme si le roman était épuisé, impuissant, comme si tout, déjà, avait été dit : le mariage du personnage et de son époque, la satire de la bourgeoisie, la décadence et l'ennui que dissipe parfois la cruauté des sentiments. Dit, ce père trop tôt disparu que l'on admire à défaut de l'aimer. Dit, la mère réussissant à la perfection ce cocktail improbable de séduction et de courage, la mère qui s'avance vers ses invités dans sa tenue grise, picorant une olive, reprenant du porto. Dit, la robe grise de Catherine, avec un gros nœud gris sur la hanche droite. Dit, Dominique et son tailleur gris foncé, ses gants gris foncé, ses souliers gris foncé, son pull gris perle et les lacets gris assortis qu'elle commande à son amie par courrier. Dit, Olivier et ses élégants yeux gris, deux petites mares d'eau trouble, je n'ai pas tout relevé, il y avait aussi un costume gris, au début, mais je n'ai pas le courage de rechercher la page. Je lisais, je m'endormais. Le livre me tombait des mains et, lorsque je me réveillais, je me disais à mon tour : mon Dieu, et c'est mon père qui a écrit cela avant de se plonger dans le silence avec la bénédiction de ses aînés. Il a écrit *grande nouille* et *gourdiflote*, il a écrit *faire la foirinette* et francisé les mots anglais pour mettre une touche de rose dans le gris dominant. Je me raccroche à la beauté d'un style, la précision d'une image, comme si cela pouvait effacer les quelques lignes annonçant ma naissance. *Au fait, Nadine a eu une fille hier. J'ai été immédiatement la noyer dans la Seine pour ne plus en entendre parler.*

Pour ne plus en entendre parler, ou pour ne pas l'entendre parler ?

De la pudeur, il faut appeler ça de la pudeur. Enlever cette phrase de ma tête. Enlever l'idée que, dans une semaine, cette lettre se retrouvera chez un étranger. Un homme, selon toute probabilité, qui pensera que mon père avait décidément beaucoup d'esprit. Un homme que tout cela fera sourire. Le bébé dans la Seine et la lettre du fabricant de godemichés.

Les jours passent. Fatigue. Impression de couver quelque chose, on va dire la grippe, je couve la grippe sous mes couvertures. J'ai honte, comme un enfant battu a honte de ses parents. Franck est parti ce matin pour Strasbourg, il prépare une nouvelle exposition dans laquelle il mettra en scène ses homonymes. C'est un projet ambitieux qui le gardera des semaines entières loin de la maison. J'ai téléphoné à l'auto-école pour annuler les cours jusqu'à la fin du mois. La secrétaire n'a pas commenté. J'entends des bruits de pas sur le gravier. Ce ne sont pas les garçons, ils sont en vacances à Paris, ne reviendront qu'à la fin de la semaine. On frappe à la porte. Je n'ai pas le courage de quitter ma chambre. Je me cache. Je fais le mort. Quelqu'un entre dans la maison. Ma cousine, sans doute. Elle me laissera un petit signe sur la table de la cuisine. Je regretterai de ne pas être descendue. Descendue pour quoi faire ? Me changer les idées comme on change de robe, de ces robes légères qui habillent l'été. De celles qui ne grattent pas. Ne gênent pas aux entournures.

L'ami écrivain m'a répondu ce matin. Il me raconte comment, alors qu'il venait de finir son avant-dernier roman, il avait été pris d'un sentiment de panique tel qu'il avait dû demander à son voisin de le porter à sa place chez l'éditeur. Il ne pouvait plus poser les yeux sur ces pages, ni même les toucher. Elles lui faisaient peur, physiquement peur. Il lui avait demandé également de faire disparaître toutes ses notes, les brouillons, les différentes versions. Il commençait seulement aujourd'hui, quatre ans après sa publication, à pouvoir le feuilleter, mais il ne reconnaissait pas son texte. Ne se sentait pas concerné.

Je prétendais dans un chapitre précédent que je n'étais pas une collectionneuse — le contraire d'une collectionneuse — et pourtant s'est constituée dans le premier tiroir de mon bureau une drôle de collection : au fil de mes lectures, j'ai mis de côté des textes qui parlent des différentes parties de notre anatomie. Ils sont classés par éléments, en partant du bas. Pied, cheville, mollet... Patiemment, je dresse l'inventaire comme on dresse une table, mettant chaque chose à sa place, chaque organe ayant sa chemise, chaque membre son dossier. J'ai recopié cette phrase de Paul Valéry sur la couverture de l'un d'eux : « L'homme n'est homme qu'à la surface. Lève la peau, dissèque : ici commencent les machines. Puis tu te perds dans une substance inexplicable, étrangère à tout ce que tu sais et qui est pourtant l'essentiel. »

Si mon travail pouvait, ne serait-ce que par instants, ressembler à cette insaisissable mécanique décrite par Valéry, j'aurais l'impression d'avoir avancé un peu. Mais non, je n'avance pas. Je lis, je découpe, je classe comme si justement cet essentiel, cet inexplicable était trop envahissant et que la seule façon de sauver sa peau était de le contenir avec méthode et courtoisie, comme si je pouvais ainsi recomposer le corps disloqué de mon père. Le reconstituer pour le garder à distance, tant il est difficile de vivre avec un fantôme. Dans le même esprit, et sans être bien sûre de pouvoir insérer ces notes dans un quelconque projet littéraire, je m'intéresse depuis longtemps aux expressions, proverbes, dictons qui mettent en scène le corps humain. Avoir la rate au court-bouillon, l'estomac à l'envers, ou, en allemand, ne pas être tombé sur la bouche — c'est-à-dire, pour les francophones, avoir la langue bien pendue. Je les répertorie eux aussi, je les range. Cœur étroit n'est jamais au large, la langue va où les dents font mal, un poil fait ombre, ne montre pas ton pénis parmi les veuves, des centaines comme ça du monde entier — le dernier contre toute attente venant d'Irak, mais à Bagdad il serait sans doute préférable de dire, comme le suggère en italiques le dictionnaire des proverbes : Ne montre pas ton pain parmi les ventres creux.

Les mots, voilà les seules choses qu'il me plaît de collectionner. Ils ne m'encombrent pas. Jamais n'ont provoqué en moi cette sensation d'étouffement que me donne l'accumulation des objets. Je me demande pourquoi, par quel miracle ils échappent à la règle commune. Peut-être qu'en nommant on se débarrasse de l'aspect pesant du monde. On l'allège, et pour quelques phrases écrites noir sur blanc, c'est un soldat de plomb qui se remplit d'hélium. J'imagine les hussards de mon père s'envolant par-dessus les toits. Sa collection d'armes, avec des petites ailes qui battraient très vite à la façon des oiseaux-mouches. Certains dossiers sont épais déjà, ceux concernant les yeux par exemple, ou les cheveux, et d'autres, comme celui du menton, restent désespérément plats. On ne parle pas beaucoup de cette partie du visage dans les livres, ou alors de façon fugitive, anecdotique, quand ils sont doubles ou triples, fuyants ou au contraire en galoche, sans jamais aller beaucoup plus avant dans les descriptions. Celui de mon premier moniteur de conduite était très expressif. Quand il était contrarié, il se creusait de petits trous. Ce n'étaient pas des fossettes, ça ressemblait plutôt à de la cellulite. Lorsque je faisais une erreur, que je mettais le clignotant avant de regarder dans le rétroviseur par exemple, il donnait un grand coup de frein. J'en avais chaque fois le souffle coupé. Il reprenait d'une voix douce ses explications. Une voix pleine de miel qui suintait par les trous de son menton. Je détestais cette façon de procéder. Elle me rappelait les tortures de mon frère lorsque nous étions enfants. Cette agressivité recouverte aussitôt par un sourire ou une phrase apaisante. Je mettais longtemps à recouvrer mon calme, comme si en écrasant la pédale du frein le moniteur avait touché en moi l'endroit justement où il était écrit « Tu ne conduiras pas », commandement dicté par la peur de faire mal, au sens propre et au sens figuré, peur de ne pas réussir mais peur aussi de provoquer dans mon infinie maladresse un accident qui me replongerait au centre du cauchemar familial.

Où se situait cette appréhension, à quel endroit ?

Je n'arrivais pas à la localiser de façon précise et pourtant elle était là quelque part entre le bas du ventre et le plexus solaire, remontant parfois jusqu'au cœur, pas l'organe lui-même, mais cette zone un peu floue que l'on désigne quand on dit *avoir mal au cœur*, ou *avoir le cœur retourné*, car la peur, c'était aussi la nausée, celle qui se déclarait chaque été dans le car de Saint-Brieuc, celle tuée à coups de sucres blancs imbibés d'alcool de menthe, comme s'il eût fallu chaque fois, en passant près du cimetière où est enterré mon père, marquer par cet acte ce qui n'avait jamais pu l'être par des mots. La peur, c'était non seulement le souffle, comme je le disais plus haut, mais les jambes coupées et l'impossibilité de parler ou de crier pour me protéger du danger, mes cordes vocales faisant partie de ce circuit curieux qui liait le haut et le bas du corps dans une même incapacité viscérale à réagir contre la violence lorsqu'elle était dirigée contre moi. Il m'est arrivé plusieurs fois, toute jeune adolescente, d'être agressée dans le métro par des hommes qui essayaient de me toucher ou me montraient leur queue en proférant des obscénités, sans jamais pouvoir réagir autrement que par la fuite dans le déni. Je ne voyais pas. N'entendais pas. Ne sentais rien. Je restais droite, les yeux dans le vague, luttant contre moi-même au lieu de lutter contre l'autre pour ne rien laisser paraître des tremblements qui m'agitaient. Rentrée chez moi, je pleurais enfermée dans ma chambre. Cette infirmité céderait du terrain lorsque quelques années plus tard je serais confrontée à des scènes du même acabit — à force on se prépare, on répète toute seule dans son coin —, mais j'ai toujours gardé la trace de cette timidité maladive. Je n'ai jamais osé dire à ce moniteur, par exemple, l'effet que produisaient en moi ces coups de frein brutaux. Je poursuivis les cours avec assiduité, et ce n'est qu'après avoir changé d'auto-école que je me rendis compte des conséquences désastreuses qu'ils avaient eues sur le bon déroulement de mon apprentissage. Le nouveau moniteur, un jeune homme tout en buste au regard bienveillant, diagnostiqua dès la première leçon la faille principale de mon comportement au volant : dès que quelque chose me semblait difficile, j'anticipais le danger en bloquant ma respiration, comme pour me préparer à recevoir un coup au creux de l'estomac. Il m'apprit à respirer avant de prendre la moindre initiative. Il le fit avec humour et constance, jusqu'à ce que cela devienne une habitude. Respirette, disait-il lorsque nous arrivions à un carrefour compliqué, respirette avant de s'engager sur la voie d'accélération, et respirette encore si une voiture pressée nous lançait des appels de phares. Il avait comme ça toute une panoplie d'indications codées qui allait du latin de cuisine au patois normand en passant par des citations de jeux télévisés auxquelles je ne comprenais pas grand-chose, n'ayant pas la télévision, mais qui me faisaient rire tout de même tant il les prononçait avec sérieux : j'ai cru que c'était gagné. Je commençais à avoir du plaisir à conduire. J'appris beaucoup avec lui, pas assez sans doute pour réussir l'examen.

Depuis hier, j'ai repris le chemin de l'auto-école. Avec Élio et Merlin, nous découvrons les aventures d'Hermux Tantamoq, l'horloger. Nous lisons chacun à notre tour quelques pages à voix haute, c'est la nouvelle règle du jeu.

Il y avait un distributeur d'eau au fond de la pièce, je me dirigeai vers lui en faisant semblant d'être une habituée des salles des ventes. Tu es une habituée, me répétais-je en essayant d'imaginer la voix de Franck, tu viens souvent, tu prends des notes dans un petit carnet, tu es peut-être journaliste, ou bibliophile, on ne t'a rien demandé à l'entrée et tu as même pu feuilleter le catalogue des pièces qui allaient être mises aux enchères, tu n'as rien à te reprocher, personne ne te veut du mal, tu n'as presque pas d'argent sur ton compte en banque et alors, personne n'est au courant, tu es bien habillée, enfin, correctement habillée, tes chaussures sont cirées, il n'y a aucune raison que l'on te mette dehors, tu n'es pas un imposteur, comment dit-on, une impostrice, tu as le droit d'être ici, le devoir d'être ici à la mémoire de ton père (enfin, n'exagérons rien) — je tirai un verre en plastique et le remplis d'eau fraîche, ma main tremblait, j'en remplis un second, boire me fit du bien. Il n'y avait pas de poubelle à proximité. Je posai le gobelet en haut de la bombonne, en équilibre instable, mais il tint, non, il ne tomba pas, ou peut-être tomba-t-il, mais je me retournai vite pour ne pas le voir tomber.

La salle était comble, les gens parlaient, beaucoup semblaient se connaître. Toutes les chaises étant occupées, j'allai m'asseoir sur les marches d'un escalier qui montait vers les bureaux. Des jeunes gens impeccables vinrent s'installer devant la brochette de téléphones alignés sur les tables à ma droite, en contrebas. Un homme en tablier de jardinier bleu, chemise blanche, testait l'élasticité de ses gants près du comptoir central. Deux blondes au premier rang comparaient la couleur de leurs rouges à lèvres sur le dos de leurs mains. Le commissaire-priseur tira d'un geste sec sur les ailes de son nœud papillon : la séance était ouverte. Il annonça le nombre de lots, 250 me semble-t-il, et d'autres choses que je n'arrivais pas à entendre. Enfin, le silence s'imposa et le premier livre fut mis à prix. Il s'agissait d'une édition originale, et légèrement défraîchie, d'un texte d'Antonin Artaud sur vélin pur fil du Marais. Sans attendre, quelqu'un leva le doigt, puis un autre, et un autre encore, comme si tout cela avait été réglé à l'avance.

— Allons, vivement, c'est vu ? Personne ne couvre l'enchère ?

Non, personne ne couvrait, le marteau s'abattit et l'on passa au spécimen suivant, un ouvrage singulier et rare, nota le commissaire-priseur en bonimenteur expérimenté, intitulé *Les farfadets ou Tous les démons ne sont pas de l'autre monde*. Son auteur, un certain Berbiguier de Terre-Neuve du Thym, avait passé sa vie à affronter les forces contraires qu'il repoussait à coups d'épingles et de plantes médicinales. Vinrent ensuite deux livres de Léon Bloy. Des gens s'agitaient près de la porte. J'aurais imaginé un public plus tendu, plus respectueux, oui, tout cela manquait de concentration, de maintien, comme disait la comédienne de la Ferme du Buisson, et la chorégraphie des hommes en tablier bleu était la seule note qui donnait un peu d'allure à l'ensemble. Leurs gestes étaient précis, ils présentaient les lots avec la même application, le même sérieux, qu'il s'agisse d'une édition sans grande valeur marchande ou d'un manuscrit autographe. J'aimais cette façon de faire. De ne pas juger. Chaque pièce de l'ensemble avait son importance, son histoire, son utilité. Une bibliothèque est un corps constitué d'anecdotes aussi bien que de chefs-d'œuvre, les uns s'appuyant sur les autres selon un ordre précieux qui doit bien peu à l'ordre économique. Ils savaient cela, les hommes en bleu.

Insensible à leur cérémonial, un groupe d'acheteurs discutait à voix basse au fond de la salle. L'un d'eux sortit une boîte de cachous et en offrit aux autres pendant que s'adjugeait la vente d'un recueil de poèmes du jeune André Breton, carnet dans sa couverture originelle de skaï noir, tranche dorée de vingt-deux feuillets, ayant appartenu à Paul Eluard. Le manuscrit des *Enfants tristes* devait être proposé à la fin de la vente, après le *Nord* de Céline et les œuvres attendues d'Henri Michaux. Les gens assis sur les chaises semblaient avoir très chaud. Il ne se passait pas cinq minutes sans que l'un ôte son chandail et l'autre sa veste, ce qui provoquait chaque fois parmi les rangs serrés des vagues de mouvements parasites. Je restai ainsi une bonne heure à observer, parfaitement immobile sur ma marche d'escalier de peur que l'on me demande de quitter ma place, pour des raisons de sécurité ou de convenance. J'étais sur le chemin des toilettes, c'est là aussi que les gens venaient téléphoner ou consulter leurs messages. Une jeune femme tout habillée de blanc s'installa devant moi. Elle avait des cheveux très longs qui bougeaient quand elle remuait la tête comme dans ces publicités des années soixante-dix pour les shampooings aux œufs. Je pouvais suivre sur son catalogue la progression de la vente. On en était à peine au premier tiers. À ce rythme, les lots concernant mon père ne passeraient pas avant la fin de l'après-midi. Je décidai d'aller respirer un peu dehors. Je sentis le regard de la femme en blanc me suivre jusqu'à la porte. Comme je me retournais, elle me sourit d'un air confiant. Un ange, pensai-je, cette femme est un ange.

Je n'avais pas remarqué en arrivant que la vitrine de la galerie était exclusivement consacrée à la vente. Était présentée, entre autres documents, la photo en couleurs reproduite dans *La Gazette du collectionneur,* celle prise sur le bateau. Elle avait l'air tirée d'un film. Il y avait quelque chose d'irréel dans le bleu de la mer. De surexposé, comme dans ces photos affichées à l'entrée des cinémas. Les sujets eux aussi semblaient artificiels, placés sur l'échiquier flottant par une main étrangère dans des positions soi-disant naturelles, et probablement des plus inconfortables. Je pensai au *Couteau dans l'eau* de Roman Polanski. À mon père funambule sur les toits de l'hôpital où je suis née. Assise dans le bateau, une femme blonde portant des lunettes de soleil regardait quelqu'un dont on ne voyait que le bras, posé sur le gouvernail. Le point avait été fait sur une corde qui traversait le pont, séparant les trois personnages, oui, la corde était nette, tout le reste légèrement flou, comme si le photographe avait voulu mettre l'accent sur le mot interdit. Mon père paraissait très grand. Combien mesurait-il en vérité ? Mon père, murmurai-je. Caché derrière le livre, c'est mon papa. Et la question rituelle se reposa, suivie de toutes les subsidiaires. Comment ça fait, d'avoir un papa ? Un père en trois dimensions, avec une voix, un regard, des couleurs qui changent ? Que serais-je devenue si mon père n'était pas mort prématurément ? Aurais-je mon permis de conduire ?

Je profitai du passage des *Rats* de Bernard Frank (exemplaire non coupé dans une reliure de plexiglas) pour retourner sur les marches. Bernard Frank tient une place importante dans la mythologie familiale : c'est une de ses chroniques publiée dans *Les Temps modernes* qui donna son nom au groupe des Hussards. La femme en blanc salua mon retour d'un clignement de paupières. Quand elle se serra contre la rambarde pour me laisser passer, je vis qu'elle portait un soutien-gorge en dentelle très fine. Les auteurs se suivaient en une interminable litanie, de Charles de Gaulle à Boris Vian en passant par Anaïs Nin et Raymond Queneau. Une des jeunes filles en contrebas, de celles qui suivaient les enchères au téléphone, n'arrêtait pas de chuchoter à l'oreille de son voisin. Je me demandais de quoi ils parlaient. Le jeune homme avait l'air conquis. Il y eut de l'effervescence soudain, le manuscrit de

Louis-Ferdinand Céline était annoncé. Après une présentation de l'œuvre et de l'objet, le commissaire lut la phrase qui courait sur les quatre tomes reliés par Mercher : « Docteur Destouches / 4, rue Girandon / ne nous a semblé atteint / d'aucune affection transmissible. »

Il y eut des rires, les enchères débutèrent à 280 000 euros pour quelques minutes plus tard plafonner à 360. Marteau, brouhaha. *Nord* adjugé, beaucoup de gens quittèrent les lieux, dont l'homme aux cachous, et je me retrouvai dans une position étrange : d'un côté, j'étais soulagée de voir les manuscrits de mon père et surtout sa correspondance passer devant un public plus confidentiel, et de l'autre l'idée qu'ils soient bradés me rendait mal à l'aise, comme si cela pouvait remettre en question les qualités de son travail d'écrivain et, par-delà son travail, remettre en question sa qualité de père.

La verrière était maintenant éclairée par d'élégants néons suspendus à des câbles d'acier. J'étais fatiguée. Ou peut-être résignée, ou absente, oui, absente, placée en dehors de moi-même comme on place un enfant dans une famille d'accueil. J'essayai de me concentrer sur le visage du commissaire-priseur. J'avais l'impression que les mouvements de ses lèvres ne correspondaient pas exactement aux mots qu'il prononçait, l'impression d'assister à un film mal doublé. En quelle langue se tenait la séance ? À qui s'adressaient ses phrases codées ? Il y avait en contrebas un monde auquel je n'avais pas accès. Je repensai à l'auteur du premier livre qui était passé aux enchères, ce Terre-

Neuve du Thym qui voyait derrière les infirmières et les médecins de l'hôpital d'ignobles farfadets porteurs de maléfices. Qui était cet homme au nœud papillon ? Et ces jeunes gens rangés, que cachaient-ils derrière leurs bonnes mines ? Quelque chose tomba sur ma main, je regardai en l'air, non, il ne pleuvait pas dans la salle : c'était du sang, sur ma peau. Du sang qui venait de mon nez. Je me levai pour aller aux toilettes, balayant en un mouvement mes rêveries. Il n'y avait rien à attendre de l'imaginaire, rien qui pût protéger les lettres de mon père de leur prochaine dispersion. Ce n'était pas plus compliqué que ça. Faire un geste, lever un doigt. Montrer son numéro. Signer un chèque. Une autorisation. Le sang coulait doucement. La femme en blanc se retourna et, comprenant en un instant la situation, me fit signe de patienter. Je remarquai une tache rouge près d'elle, sur la marche, il fallait que je la prévienne pour ne pas qu'elle se salisse, que je lui présente mes excuses, mais déjà elle me tendait un paquet de mouchoirs en papier drôlement imprimés de vaches multicolores. Je ne m'attendais pas, venant d'elle, à ce genre de fantaisie. Je repensai à mon grand-père maternel, celui qui m'appelait « la Grosse ». Au pot à lait métallique et à son couvercle retenu par une chaînette. Ma voisine me demanda si je me sentais bien. Si je voulais qu'elle m'accompagne. Quelques regards se tournèrent vers nous. Je baissai lentement les paupières en signe de négation. Les lettres paternelles furent annoncées. Puis adjugées, au téléphone. Les toilettes étaient d'une propreté sans faille. Le sang goutta sur l'émail du lavabo. Ça ne faisait pas mal, la nounou de Saint-Quay-Portrieux insistait, comme lorsqu'on se tranche les veines sous un robinet. Qui était cet ami avec qui elle parlait de suicide ? Étaient-ils au courant de la tentative paternelle ?

Lorsque je repris ma place dans l'escalier, le manuscrit du *Grand d'Espagne* avait changé de mains ainsi que celui des *Enfants tristes*. La vente se terminait. Très gentiment, ma voisine me proposa d'aller boire quelque chose au café d'à côté, il faisait si chaud dans cette salle. Nous nous assîmes l'une en face de l'autre. Je pensai au fils de Sunsiaré. *La messagère*, le roman écrit par sa mère et publié chez Gallimard, ne figurait pas au catalogue.

— D'habitude, dit la jeune femme en souriant, les ventes, c'est plus drôle.

Je fis une grimace. Pourquoi aurait-il fallu rire ? On venait de disperser les livres qu'un collectionneur avait mis toute une vie à rassembler.

— Personnellement, lâchai-je enfin, j'ai trouvé ça sinistre.

Elle baissa les yeux. Je m'en voulais de lui avoir répondu de façon si violente, c'est moi qui étais sinistre, avec mon bout de mouchoir rougi coincé dans la narine. Elle insista pour payer les consommations. Nous nous séparâmes devant le café sans échanger nos adresses. Souvent je pense à elle, à sa beauté, et à cette tache sur la marche, juste à côté de son pantalon blanc.

Je n'avais pas saigné du nez depuis longtemps, depuis mon enfance, me semble-t-il. À l'école, je garde un souvenir plutôt agréable de ce sang qui coulait à l'improviste. Ça impressionnait tout le monde, de quoi se tailler un beau succès sans effort et sans prétention. La déléguée de classe t'emmenait à l'infirmerie, et tu faisais exprès de pencher la tête en avant pour jouer au Petit Poucet, les planches du couloir en guise de forêt.

De retour à la maison, c'était la première chose que tu annonçais, comme s'il s'agissait d'un exploit. Au coton-tige, très doucement, on gommait les derniers signes de l'hémorragie. On mettait ta blouse à tremper dans de l'eau froide, oui, nous portions des blouses à la communale, et les garçons étaient séparés des filles par un mur qui ne nous laissait aucun espoir de comprendre ce qui motivait cette partition. En avions-nous seulement la curiosité ? Je ne crois pas. C'était ainsi, les filles d'un côté, les garçons de l'autre. Ça allait de soi. Nous vivions dans deux mondes parallèles et personne parmi les élèves ne semblait en souffrir. Seules les maternelles étaient mixtes, je n'ai pourtant aucune image de mon frère jouant avec moi dans la cour de récréation. Le seul souvenir précis qui me reste de ces années scolaires est le titre de Reine du silence qui m'avait été décerné dans la salle du rez-de-chaussée. Je revois précisément la porte et le couloir qui menait à cette pièce, les hautes fenêtres à petits carreaux, et si le visage et le nom de l'institutrice m'échappent, je me souviens d'avoir rougi lorsqu'elle me couronna devant toute la classe. Le jeu du silence, je l'appris grâce à la lettre d'une lectrice (qu'elle en soit remerciée ici), est une technique souvent utilisée pour le retour au calme par les enseignants, et largement galvaudée selon elle, méthode, ou plutôt pratique développée par Maria Montessori. La consigne simple donnée aux enfants est de faire le moins de bruit possible en rangeant leurs jeux, par exemple, leurs chaises, ou en se déplaçant à l'appel de leur nom. Peu à peu, le silence s'installant, ils commencent à percevoir les bruits de la rue, des autres classes, et enfin les sons provenant de leur propre corps — leur cœur, leur respiration.

À ce point-là, écrit la pédagogue, il se passe quelque chose de très fort, de très intime. On touche, dit-elle, à l'âme enfantine.

Est-ce une émotion de cet ordre que je ressentis dans la salle du rez-de-chaussée ? J'aime à le penser. Émotion également en recevant cette carte postale de mon père, quelques mois plus tard, où il me demandait en lettres capitales :

QUE DIT LA REINE DU SILENCE ?

Si cette phrase m'a tant marquée, si j'éprouve le besoin de la retranscrire encore et encore, c'est qu'elle posait une énigme impossible à résoudre pour la petite fille que j'étais, énigme cruelle et envoûtante qui résume toute la difficulté du métier d'enfant. Énigme qui, à l'époque, se formulait ainsi : Que pourrait bien dire la Reine du silence sans y perdre son titre, et l'affection de son papa ?

Ou encore : Comment, à la fois, parler et ne pas parler ?

J'étais coincée. Prise au piège de l'intelligence paternelle.

Ma mère, sans s'en douter, m'offrirait l'année suivante les moyens de composer avec ces impératifs contradictoires. En me surnommant la Sirène des pompiers, pour se moquer du timbre strident de ma voix, elle me livrait un indice de premier choix. La solution la plus simple n'était-elle pas de se partager en deux, comme la sirène ? D'être à la fois femme et poisson ? Celle qui chante et celle qui se tait ? Le poisson est muet, et telle est la girafe qui deviendrait le personnage principal de mon deuxième roman. Il y a là une logique qui fait sourire tant elle semble éloignée de toute préoccupation littéraire. On pourrait lire cet enchaînement d'une autre façon, et tracer du texte sur les sirènes à celui sur la pornographie une longue phrase qui raconterait l'histoire de l'émergence d'un corps, de sa réunification. On pourrait même parler de la résurgence du corps dans les romans de ces vingt dernières années, et l'on serait étonné de voir que de nombreux exemples confirmeraient cette intuition. Tout semble si simple quand on prend les livres comme une succession d'épisodes, et non comme des objets finis, fermés sur eux-mêmes. Et que l'on admet que leurs auteurs sont liés par des questions qui les dépassent.

Pour en arriver à formuler cette hypothèse, j'empruntai des détours périlleux. Très jeune, je me mis à faire chambre à part avec moi-même, très jeune et jusqu'au grand plongeon dans la Seine. J'étais à la fois la petite fille pleine de vie qui chantait à tue-tête pour les anniversaires et l'enfant grave qui s'ennuyait. Les deux êtres cohabitaient tant bien que mal sous un même nom. Je pensais souvent à la mort. La mienne, faut-il le préciser, pas celle de mon père. J'avais beaucoup d'imagination.

Je retrouve ces phrases dans un texte écrit il y a une quinzaine d'années, et il me semble important de les recopier ici.

Se tuer pour se taire, tant les deux verbes conjugués se ressemblent.

Se tuer pour ne trahir personne, et tenir sa parole aussi bien que l'on tient sa langue, protégeant avec les armes qui sont à ta disposition un secret inviolable. Un secret sans preuve. Un secret enfermé à double nœud dans une question simple. Une question en six mots qui t'oblige jour après jour et dans un même élan à chercher et à renoncer.

À chercher pour rester vivante.

À renoncer pour rester vivante.

Après ma tentative de suicide et son cortège d'effets secondaires, l'histoire prit un tour compliqué. Il ne m'était plus possible de compter sur la mort pour résoudre l'équation paternelle. J'avais échoué. Je n'y croyais plus. J'avais perdu la foi. Il fallut trouver un autre chemin. Un chemin sans panache, à l'écart — il m'était difficile d'être avec les autres, car les autres, ma famille, mes amis, voulaient comprendre ce qui m'était arrivé, pourquoi j'avais plongé, et j'étais dans l'impossibilité de leur expliquer ce que je ne savais pas moi-même. Certains étaient furieux, ils parlaient de chantage et de simulacre, j'avais l'impression qu'ils m'en voulaient d'avoir survécu. L'écriture se présenta comme un moyen susceptible de m'aider à sortir de l'impasse. Et de répondre, encore et toujours, à la double injonction paternelle. Le romancier n'est-il pas celui qui raconte des histoires en silence ? Celui qui parle en se taisant ?

Il n'était pas encore question de roman, à l'époque. Pour rien au monde je n'aurais voulu me confronter à mon père de cette façon. Non seulement je m'en sentais incapable, mais je n'en avais pas envie. J'empruntai donc une déviation (enfin, ce que je considère aujourd'hui comme une déviation), et si je m'enfermais chaque jour sous les coupoles de la Bibliothèque nationale, c'était dans la perspective d'écrire un mémoire de doctorat, travail pour lequel j'avais obtenu une bourse, ce qui pesa d'un poids non négligeable dans ma décision de reprendre des études. Il fallait gagner sa vie. Je ne me sentais pas le courage d'aller passer des auditions, et encore moins celui de me produire sur une scène.

J'emploie le mot « mémoire », et non celui de « thèse », car il définit bien l'état d'esprit dans lequel je me trouvais alors. Je n'avais aucune thèse à défendre. Il s'agissait pour moi de me mettre à l'abri, entre parenthèses, de redécouvrir à travers les livres des autres un semblant d'unité. J'aurais pu le faire sur n'importe quel sujet sans doute, mais ce ne fut pas n'importe quel sujet : je m'attelai au mythe de la sirène. L'idée m'en était venue après avoir entendu à la radio cet universitaire qui travaillait sur le personnage du vampire à travers les âges. Il y avait là matière à réflexion.

J'allais à la bibliothèque comme on va au bureau, demandant la même place, mangeant au même endroit, une soupe japonaise en hiver et, dès que vinrent les beaux jours, un sandwich sur les bancs du square Louvois. J'aimais regarder les autres manger. Je les observais discrètement. J'aimais les voir mastiquer, boire, croquer, se lécher les babines. J'aimais les regarder avoir du plaisir avec leur bouche, devant tout le monde, portés par cette merveilleuse innocence que leur donnait l'impression de satisfaire un besoin essentiel exempt de toute projection narcissique. Manger, pour eux, ça allait de soi. De soi, ce passage de l'extérieur vers l'intérieur, qui me paraissait pourtant extraordinairement impudique.

Vers deux heures, je me remettais au travail. Je lisais tout ce qui me tombait sous la main, du roman de gare aux livres sur la Grèce antique. Je prenais des notes,

148

beaucoup de notes qui sont encore dans un carton en haut du placard. J'adorais consulter les vieux fichiers au sous-sol, surtout les fichiers thématiques. Je tirais les casiers de bois et m'installais à une table, au fond. Je n'avais pas envie d'aller vite. Je cultivais les digressions. Un mot en appelle un autre, et les heures passent sans peser.

La nuit, je dormais peu. La nuit, c'était difficile.

Au bout d'une année, une bonne partie de la documentation étant réunie, et le plan du mémoire approuvé par les autorités universitaires, je compris que je n'allais pas rédiger des centaines de pages qui dormiraient pour le reste de leurs jours sur les rayonnages d'une bibliothèque, fût-elle nationale. J'avais des rapports plus que distants avec mon nouveau directeur de thèse, qui s'intéressait davantage à ses publications qu'aux recherches de ses élèves, à moins qu'il ne puisse les utiliser dans ses propres travaux. À quoi me servirait d'avoir un diplôme ? Pour faire quel métier ? C'est alors que je rencontrai sur un pont, encore un pont, décidément, un certain Eugene (prononcer *iudjine*) qui, comme moi, attendait le début du feu d'artifice — nous étions le 13 juillet. Il portait un chapeau et une salopette de couleur vive. Il était anglais, éditeur, et très sympathique. Nous engageâmes la conversation. Il s'emballa lorsque je lui racontai « ce que je faisais dans la vie ». Qu'une jeune fille comme moi puisse passer ses journées à lire des histoires de *mermaids*, il trouvait ça fantastique, ou je ne sais plus quel adjectif, enfin son enthousiasme était contagieux. Au moment de nous quitter, il me donna son adresse pour que je lui fasse parvenir un dossier présentant les grandes lignes de mon travail accompagnées de quelques repères icono-graphiques. Le pensait-il vraiment ? Il se disait très intéressé par la perspective de publier un essai large-ment illustré sur le mythe des sirènes.

Je partis en vacances, et à mon retour un message de Françoise Verny, alors éditrice chez Gallimard, m'atten-dait sur mon répondeur. Elle me proposait de nous rencontrer. Son ami Eugene lui avait parlé de moi.

Quelques jours plus tard, le 26 août de mes 26 ans pour être précis, j'avais rendez-vous avec Françoise Verny rue Sébastien-Bottin. Elle ressemblait si peu à ce que l'on pouvait attendre d'une directrice littéraire bon ton du 7e arrondissement de Paris que je me sen-tis tout de suite en confiance. Elle lut mon plan en dia-gonale, me regarda attentivement à travers la fumée de sa cigarette, pencha un peu la tête sur le côté, avança sa lèvre inférieure, puis, comme si cela allait de soi, me proposa dans un premier temps d'écrire une trentaine de feuillets sur le mythe des sirènes, mais à la première personne cette fois. Ce que je fis sans autre ambition que de répondre à sa demande. Elle n'eut aucune peine, lors du rendez-vous suivant, à me convaincre que ces premières pages étaient le début de quelque chose comme un roman.

L'inspecteur est une jeune femme blonde et triste qui lisse souvent son pantalon du plat de la main. Ses indications sont claires. À aucun moment elle n'essaie de me piéger pendant l'examen. Ses cheveux sont retenus par des barrettes plates qui ressemblent à celles que j'avais quand j'étais à l'école communale. Elle a des grains de beauté sur le cou et les lobes percés, mais elle ne met pas souvent de boucles d'oreilles. Les trous sont à peine visibles, ils se sont refermés.

Je conduis calmement. Je respire calmement. Mes mains sont un peu froides, mais à part ça, je me sens en pleine possession de mes moyens. Je suis assez fière de moi en réussissant mon créneau du côté gauche. Je tiens mon point de patinage. Je ne cale pas. Je peaufine mes parallèles. Un petit coup d'œil en entrouvrant la portière : les roues sont parfaitement à leur place, à quelques centimètres du trottoir.

— Nous repartons, dit la jeune femme en tirant sur son cardigan.

Je repars. Ce qui hier me paraissait si compliqué est devenu un jeu d'enfant. Comment ai-je pu être aussi maladroite ? Du temps, il m'aura juste fallu un peu plus de temps que les autres pour apprendre ce nouveau langage. Je m'imagine annonçant la bonne nouvelle à ma cousine. Ou allant la chercher à la gare en voiture, comme si cela était tout à fait normal. Et c'est tout à fait normal, n'est-ce pas — rien de plus ordinaire que d'avoir son permis. De l'avoir et de s'en servir quand on habite à la campagne avec deux enfants.

Il faut prendre à droite, puis encore à droite, et l'examen sera terminé. La boucle bouclée. Fin d'un cycle, passage au défi suivant. Coup d'œil par-dessus l'épaule, clignotant. L'inspectrice toussote, son poing en rond devant sa bouche comme pour cracher un pépin. De retour sur le parking de l'ANPE, elle se tourne vers moi. Un pâle sourire éclaire son visage. Je la trouve jolie. Elle pose son verdict en me regardant droit dans les yeux : Accélération insuffisante sur l'autoroute, mauvais placement en sens unique et, de façon plus générale, manque d'initiative.

Je reste suspendue à sa voix. En arrière, il faut revenir en arrière, et tout recommencer. Prendre des initiatives. Dépasser. Se dépasser. Je monterai dans la voiture, et je me méfierai de ce visage sans ombre, impeccablement lissé par le fond de teint d'une vie régulière à l'alimentation tempérée. Je regarderai d'un œil soupçonneux son cou très droit, trop droit, comme monté à l'envers, au lieu de m'attarder sur ses grains de beauté. Non, ses grains de beauté ne méritent pas une ligne, je remarquerai la peau très fine de ses paupières, et cette fragilité me rappellera que je dois rester, quoi qu'il arrive, sur mes gardes. Je verrai tout, oui, tout voir, les voitures, les piétons, les panneaux, ne pas relâcher la vigilance, voir ses veines en transparence. Celle qui part du coin de sa lèvre. Celle sur la tempe qui palpite comme si elle voulait sortir de ce corps qu'elle n'aime pas. Celles de ses poignets seront cachées par les manches de son cardigan, mais je les devinerai, non, je n'oublierai pas les veines de ses poignets et tout se passera à mon avantage. C'est un mot que l'on n'emploie plus guère, cardigan, et pourtant c'est bien ce que porte l'inspectrice par-dessus son corsage, à moins qu'il ne s'agisse d'un gilet, oui, un gilet de laine peut-être, mais quelle est la différence exacte entre un gilet et un cardigan ? Tu la connais, toi, la différence ? Tu t'y intéresses, à ce genre de choses ? Je ne me réveille pas, j'ai très mal à la tête soudain, une douleur qui m'oblige à fermer les yeux et, quand je les ouvre de nouveau, tout le monde est là, immobile, l'inspectrice ourlée autour d'elle-même, autour des trous de ses oreilles, comme s'ils s'apprêtaient à la phagocyter, l'inspectrice qui n'aime pas les plis, la jeune femme un peu floue soudain, puis nettement vaporeuse, cédant la place à une peau en gros plan, une peau avec des poils très raides auxquels s'accroche un petit morceau de laine, une bouloche assortie à son écharpe, le moniteur de l'auto-école assis à l'arrière de la voiture se penche vers la jeune femme pour récupérer je ne sais quel papier, sa main ondulée sous mes yeux, sa main sous mon nez, l'odeur de sa main, cette acidité, qu'est-ce que ça peut sentir mauvais, une main, et moi comme une idiote avec des larmes qui doublent mes pupilles, des lentilles d'eau stupides qui se détachent et coulent maintenant sur mes joues, des gouttes qui n'attendriront personne, il ne faut pas perdre courage, ne pas renoncer, l'inspectrice lissera son pantalon, elle m'accordera une deuxième chance, un tour de rattrapage, mais rien ne se passe, rien que le chiffre des minutes qui avance d'un cran sur le tableau de bord, je dois me rendre à l'évidence, il n'y aura pas de seconde chance : je viens de rater pour la quatrième fois mon permis de conduire.

— Je suis franchement désolé, dit le moniteur en me tenant la portière côté conducteur. Vous auriez dû le doubler, ce camion, sur l'autoroute, vous aviez largement le temps...

Le temps ? Oui, sans doute, mais nous étions si bien. Le camion roulait, je roulais, je me souviens exactement de ce moment, un moment paisible, où je ne devais veiller qu'à une seule chose : respecter la distance de sécurité. Il y avait entre l'arrière du camion et l'avant de la voiture un espace incompressible, je pouvais le voir, presque le toucher. J'aimais sentir cette épaisseur de l'air, cette résistance qui était le fruit d'un long apprentissage. Un ballon invisible nous séparait. Ce n'était pas le ballon du Prisonnier, ce rôdeur qui se plaque contre ton visage, ni celui que l'on te fait respirer pour t'endormir avant l'opération des amygdales, mais une bulle protectrice ayant pour diamètre les deux bandes blanches réglementaires. Un airbag externe, en quelque sorte, invisible pour les autres et précieux pour nous deux. Nous deux, le chauffeur du camion et moi-même, liés par les hasards de nos itinéraires respectifs. J'aurais aimé que ce moment s'éternise, parce qu'il me semblait alors que tout était si simple, comme suspendu dans un temps bienheureux, mais le camion a pris la direction du centre-ville et je me suis retrouvée seule sur la file de droite — alors seulement, j'ai accéléré et la jeune femme a claqué sa langue contre son palais avant de dire : *Voilà*. Tu l'as entendu ce petit commentaire, *Voilà*, ou alors *C'est ça*, enfin un petit mot parfaitement rassurant alors que derrière sa peau de pâle citadine elle avait déjà pris la décision de m'ajourner.

Le moniteur de l'auto-école essayait de trouver la formule qui me redonnerait espoir. La prochaine fois, commença-t-il, mais l'inspectrice nous jeta un regard courbatu : sa journée n'était pas terminée, d'autres candidats attendaient leur tour, des jeunes et des moins jeunes, ils étaient là un peu en retrait, leurs cartes d'identité à la main, ils n'osaient pas approcher.

— Vous devriez aller consulter un acuponcteur, dit enfin le moniteur en faisant quelques pas à mes côtés, ou quelque chose…

Ou quelque chose ? Oui, sans doute quelque chose. Il frotte ses semelles de crêpe sur le rebord du trottoir comme s'il voulait se débarrasser de la tension accumulée pendant l'examen. Ses chaussures sont en daim beige, elles brillent un peu au niveau de la bosse du gros orteil.

Sur le répondeur, Franck m'a laissé un message. Il veut juste savoir « si je l'ai eu ». Je n'ai pas le courage de le rappeler. Je ne suis pas déçue : je suis vexée. Blessée dans mon amour-propre. C'est un sentiment peu honorable. Difficile à partager. En rentrant de classe, les garçons me consolent. Ce n'est pas grave, maman. Sans le savoir, ils prononcent les mêmes mots que l'inspectrice et le moniteur : ce sera pour la prochaine fois. Je me demande s'ils y croient. Élio doit apprendre sa leçon sur les verbes en -eindre, -aindre, -oindre et -soudre qui se conjuguent selon la règle générale des verbes du troisième groupe. Merlin une poésie de René Guy Cadou où il est question de pommes à couteau. Il y a aussi les mots à signer dans le cahier de liaison. Mauvaise nouvelle, signale l'instituteur, les poux sont de retour — suivent les conseils d'usage.

Je pense aux barrettes de l'inspectrice. Je me demande si elle a déjà eu des poux. Si elle en a déjà attrapé sur le repose-tête de la voiture.

Par un ami qui travaille à la télévision, j'ai retrouvé la personne interviewée sur la tombe de mon père. Tu te souviens ? Cet homme aux cheveux argentés, cet écrivain qui avait vu Roger Nimier le jour de l'accident. Pour être plus précis, je ne l'ai pas retrouvé lui, mais j'ai obtenu que l'on me prête une copie de son témoignage. La cassette est restée quelques jours sur le magnétoscope entre *Pierrot le fou* et *Les zinzins de l'espace*. Hier soir enfin, je l'ai regardée et j'ai appris beaucoup de choses que je savais déjà. Et d'autres plus mystérieuses. Comment mon père, le jour de sa mort, avait déjeuné à la Boulangerie, près de la rue de Rennes, après avoir bu un verre au bar du Pont Royal. Antoine Blondin était là, dans un état somnambulique. Mon père l'avait envoyé prendre un bain chez Simone Gallimard. Louis Malle était là aussi qui parlait de son projet d'adaptation du *Feu follet*. Le déjeuner s'était déroulé à trois seulement, avec la belle Sunsiaré et l'un de ses amis — celui qui deviendrait le témoin de Saint-Brieuc. Il avait été conquis. Séduit, répétait-il, par l'esprit de Roger Nimier, son intelligence. À l'issue du repas, mon père avait insisté pour lui offrir une paire de bretelles. Tu t'imagines, entrant dans un magasin de vêtements pour hommes, et achetant pour quelqu'un que tu connais à peine une paire de bretelles ? Ce geste me plaisait. Et le suivant aussi : Sur le seuil de chez Lorenzo, la boutique en question, mon père avait attaché avec ces mêmes bretelles son imperméable sur la tête de la jeune femme en guise de capuche. La suite ? À quatre heures, le trio se sépare devant l'église Saint-Thomas-d'Aquin. Sunsiaré glisse à l'oreille de son ami : je passerai te voir lundi, je te raconterai.

L'ami s'éloigne, il est curieux. Il aimerait être à lundi. Il ne peut pas savoir. Il tient à la main ses nouvelles bretelles, il sourit, alors que Sunsiaré et mon père s'éloignent sur le boulevard Saint-Germain. Ils vont déposer des photos au siège de *Paris-Match*. Sur l'une d'elles, la jeune femme a les yeux clos. Ses cheveux tombent sur son visage. Ce portrait sera publié dans l'édition annonçant le drame, et tout le monde croira que la photo a été prise après sa mort. Mais Sunsiaré était vivante, et l'ami a du mal à supporter la manipulation. Sa voix tremble. Je comprends ce qu'il ressent. Il y a des confusions qui donnent envie de cogner.

La seconde partie du reportage était consacrée essentiellement à Sunsiaré. L'homme l'évoquait de façon bouleversante. On avait peur pour elle, racontait-il, elle conduisait très vite, avait déjà failli se tuer dans le bois de Boulogne au volant de sa propre voiture. Son imprudence était à la mesure de sa gaieté. S'il avait d'autres exemples ? Un soir en sortant du cinéma, elle s'était déchaussée, était montée sur le parapet d'un pont, et avait couru pieds nus jusqu'à l'autre rive. Il pleuvait, la pierre était glissante. J'ai rougi en entendant ces mots, comme si l'homme avait pu lire la lettre où mon père annonçait ma naissance, ou s'il m'avait vue sauter du pont. Sunsiaré avait à chaque instant besoin de se confronter à la mort, poursuivait-il, et pourtant il n'y avait aucune mélancolie en elle, à l'inverse de Roger Nimier. Qu'est-ce que vous entendez par là ? Il y avait un secret de tristesse en lui, très léger, qui affleurait à certains moments. D'autres souvenirs ? Pendant que Roger Nimier était au téléphone, prenant des nouvelles d'Antoine Blondin, la jeune femme lui avait confié la prédiction d'un astrologue, un ami d'Abellio, qu'elle avait consulté quelques jours auparavant. Il avait dit quelque chose d'étrange, il avait dit qu'elle allait vers un *éclatement de sa personne.*

Un éclatement ? Elle n'avait pas commenté. Avait changé de sujet. Sunsiaré n'aimait pas parler d'elle-même, elle qui aimait tant parler. En deux ans, elle ne s'était jamais livrée à la moindre confidence. Elle était arrivée un jour dans son bureau, un 13 juillet (décidément), pour lui remettre son premier manuscrit. Elle portait un tailleur blanc. Ils étaient devenus amis. Ils se voyaient presque tous les jours. Elle passait à l'improviste, lui apportait des petits cadeaux. Elle lui écrivait souvent. Il ne connaissait rien de son enfance, de son passé. On raconterait plus tard qu'elle venait d'un milieu modeste. Que, très jeune, elle avait coupé les ponts. Que sa mère avait appris la mort de sa fille par les journaux. On racontait que des hommes s'étaient suicidés pour elle. Avait-elle été mannequin ? Il se souvenait d'une photo de la jeune femme descendant d'un avion avec un renard en laisse. Elle avait le sens de la pose, de la mise en scène, dans la vie comme sur les photos. C'était une femme très persuasive, une femme que rien ne limitait, insistait-il (mais où voulait-il en venir ?), je n'ai jamais connu d'homme qui lui ait résisté, on ne lui refusait pas grand-chose. Et si elle avait demandé à Roger Nimier le volant de l'Aston Martin...

L'homme sortit un mouchoir de sa poche et s'essuya la bouche, comme s'il pouvait effacer les mots qu'il venait de prononcer. Regrettait-il d'avoir abordé cette question devant les caméras ? Il se remit à parler de Sunsiaré. Elle avait un enfant, oui, elle l'avait eu très jeune. Qu'était-il devenu, ce gentil petit garçon ? Il l'avait perdu de vue. La mère et le fils avaient des rapports étranges. Elle le traitait comme un adulte. Quel âge pouvait-il avoir ? Six ou sept ans ? Un soir, raconte-t-il encore, j'étais allé chercher Sunsiaré chez elle. Nous devions dîner dehors. Elle habitait une sorte de grenier très joliment aménagé, rue de Lille. Quand je suis arrivé, elle était en train de dresser le couvert pour une personne, un couvert soigné, avec nappe et serviette assorties. Elle a tiré les rideaux et allumé des bougies, mis une musique de Mozart et nous sommes partis en laissant son fils là, comme un petit prince, assis devant son assiette. Mais tu le laisses tout seul ? Bien sûr, ne t'inquiète pas, il sait se débrouiller.

Tout seul, oui, très seul. Cette phrase me fit monter les larmes aux yeux. J'avais envie de retrouver le gentil petit garçon, comme si ma présence, quarante ans plus tard, pouvait réparer quelque chose. Son prénom et son nom de famille étaient cités dans l'interview. Je cherchai ses coordonnées sur Internet. Il ne figurait pas dans les pages blanches de l'annuaire, mais on parlait de son travail sur le site d'une médiathèque. Il avait écrit, réalisé et composé les musiques de nombreux enregistrements, semblait-il, dans une collection nommée « Lire avec les oreilles » qui présentait l'adaptation des grands classiques de la littérature enfantine, de *Barbe-Bleue* à *Robinson Crusoé*. Lire avec les oreilles, écrire les yeux fermés, nous avions ça en commun, ce souci des mots entendus. Il avait également une société d'édition et de production musicale dont le siège était à Paris, dans le 10e arrondissement. Je notai le numéro de téléphone et l'adresse sur mon carnet. Le dernier lien que me proposait le moteur de recherche était un site de généalogie établi par un membre éloigné de sa famille. Je découvris que le fils de Sunsiaré avait eu trois enfants, trois garçons. Je cliquai sur les liens soulignés. Le premier était mort l'année de sa naissance. Ma gorge se serra. Le deuxième portait le prénom de mon grand-père paternel. Et le troisième, né quatorze mois plus tard, celui de mon frère.

Bien entendu, pure coïncidence, là aussi.

Je ne saurais dire pourquoi, j'ai pensé en lisant ces prénoms que mon récit touchait à sa fin. Je n'avais pas raconté certaines choses qui figuraient en bonne place dans mes dossiers, comment mon père s'était brûlé au troisième degré en s'exposant au soleil alors qu'il était en convalescence chez les Morand à Vevey, je n'avais pas raconté les concours de beuverie, les matchs de rugby et la petite vendeuse du Prisunic, mais était-ce bien nécessaire ? Ces souvenirs sentaient les fonds de tiroir. Les notes prises avec trop d'assurance pour révéler leur part de secret. Je préférais pour le moment en rester là.

Un matin, je composai son numéro. Je voulais prendre rendez-vous avec lui, le voir et le mettre en contact avec cet homme délicat qui avait si bien connu sa mère. La sonnerie retentit plusieurs fois dans le vide. J'essayai d'imaginer son appartement. Une porte claquée, des pas dans le couloir, et si c'était l'un de ses fils qui répondait au téléphone ? Sa femme ? Comment me présenter ? Bonjour, je suis Marie Nimier, la fille de l'écrivain qui...

L'écrivain qui quoi ? Comment dire cela ?

Je raccrochai précipitamment. La nuit suivante fut agitée. À quoi ressemblait aujourd'hui le fils de Sunsiaré ? Qu'avait-il fait de sa vie ? Était-il prêt à entendre ce genre de témoignage ? Ces choses à la fois si tendres et si violentes sur sa maman ? Et moi, qu'attendais-je de lui, pourquoi cette curiosité et cette émotion en composant son numéro ? Je m'endormis très tard, avec la ferme intention de renoncer à l'idée de le joindre par téléphone. Au matin, je fis un rêve troublant. Je tirais un petit garçon des sables mouvants. Et ce petit garçon était le fils de Witold Gombrowicz. Il ressemblait à mon père enfant. Je lui tendais la main, il s'agrippait à mon poignet. Respire, mon chéri, respire, voilà ce que je disais au petit garçon de mon rêve. Je le portais dans mes bras jusqu'à la maison de l'écrivain. Il ne bougeait plus, épuisé par son effort, il m'entendait pourtant, j'en étais sûre. Je lui répétais : Respire, mon chéri, respire. Son dos se creusait comme les soles fraîches que l'on met dans la poêle et qui se cabrent pour échapper à la morsure de l'huile — échapper à l'instance de ma voix, à l'insistance de la vie. Rien ne saignait en apparence, le sang était à l'intérieur, dans une poche, contenu, à l'étroit. Il aurait fallu le secouer pour que l'air s'engouffre et que la vie colore son enveloppe de papier mâché, mais je n'en avais pas la force. La femme de Gombrowicz sortait sur le perron, elle était d'une grande beauté. Je comprenais alors que nous étions dans un décor, quelque chose comme un film ou une pièce de théâtre. Des images du code de la route formaient une drôle de ronde autour de nous. Elles étaient projetées sur les arbres, les panneaux d'affichage, les trottoirs, les volets de la maison. Je pensai en me réveillant aux diapositives de l'auto-école. En présence d'un accident, l'essentiel est d'éviter qu'il ne s'aggrave, voilà ce que j'avais appris — ne pas donner à boire, ne pas déplacer, couvrir et prononcer des paroles rassurantes. Sur la photo du livre, l'homme qui vient au secours de l'accidenté a posé sur ses épaules une couverture de survie. Son visage est penché vers lui selon l'angle de la compassion. Si le sujet ne respirait plus, il fallait, si on le maîtrisait, pratiquer le bouche-à-bouche. Et l'homme de la photo maîtrise admirablement le bouche-à-bouche, c'est-à-dire qu'il le possède sans arrière-pensée. Là où un amateur hésiterait à embrasser l'inconnu, il se donne tout entier dans le geste providentiel. Il ne voit pas des lèvres approchant d'autres lèvres, mais bien quatre poumons, deux cents mètres carrés d'alvéoles à l'intérieur desquelles, par la seule force de son expérience, circulera bientôt le même aliment volatil. Il sait qu'en vingt-quatre heures passent en chacun de nous plus de dix mille litres d'air.

Depuis combien d'années mon père est-il mort ? Combien de milliards de litres d'air auraient pu passer en lui s'il n'avait pas pris, ce soir-là, son Aston Martin ? Et parmi ces milliards de litres, combien de milliers, combien de centaines de milliers aurions-nous partagés par le seul fait d'occuper, ne serait-ce que de temps à autre, la même pièce, la même salle, le même escalier ? Pour en revenir au rêve, la femme de Witold s'avançait lentement vers moi les bras tendus. Je m'étais réveillée avec le sentiment que l'enfant respirait. Il était sauvé. Nous l'avions sauvé. Je fus de très bonne humeur pendant toute la journée et l'idée de retrouver le fils de Sunsiaré m'apparut soudain comme une évidence. Comment avais-je pu hésiter ? Oui, j'avais raté mon permis, mais je ne raterais pas cela. Ce rendez-vous-là, vingt ans après le premier.

J'aurais aimé écrire une phrase toute simple, quelque chose comme : Hier matin, je suis allée à Paris, dans le 10e arrondissement. Nous avons bu un café et mangé des tartines. Le fils de Sunsiaré a été, comment dire, très gentil avec moi. Je crois que nous allons nous revoir.

Mais je l'ai appris en téléphonant. Une voix féminine m'a répondu. Le fils de Sunsiaré est mort et je reste accablée devant ma table de travail.

Impression d'être allée au-delà de mes forces. Impression d'un automne où les feuilles refuseraient de tomber, s'accrochant désespérément aux branches des arbres. Il fait froid dans la maison. Il y avait beaucoup de monde à son enterrement, beaucoup d'amis.

Franck a porté l'arbre dans la maison, les enfants l'ont décoré, ils ont fabriqué un nouvel âne en terre (le précédent ayant perdu deux pattes), blanchi les carreaux à la bombe et accroché autour de la porte les branches de houx et la boule de gui. Sur le calendrier de l'Avent, il ne reste plus que six fenêtres à ouvrir. Franck a branché son pistolet à colle pour réparer l'étable qui, elle aussi, avait souffert au déballage. Quand Élio a cherché ses bottes pour les placer sous le sapin, se demandant s'il fallait n'en mettre qu'une, ou laisser les deux, l'histoire lui est revenue à l'esprit.

Ça me rappelle, dit Franck en se tournant vers moi, le pistolet en l'air pour éviter que la colle ne dégouline sur la table de la cuisine, ça me rappelle la chaussure de ton père.

La chaussure de mon père ? Je ne voyais pas de quoi il voulait parler.

Il s'étonna que je ne connaisse pas cet épisode éloquent de l'épopée familiale. Ma mère le lui avait rapporté un soir pendant que je faisais la lecture aux garçons. Pour lui, il était évident que j'étais au courant.

L'histoire ? Une nuit de 1962, Frédéric Dard et son épouse rentraient de Paris aux Mureaux où ils habitaient à l'époque. L'autoroute de l'Ouest était déserte. Ils ont remarqué, sur le bas-côté de la route, la masse sombre d'une voiture accidentée. Pensant que l'accident venait juste de se produire, ils se sont arrêtés pour porter secours aux passagers, mais il n'y avait plus personne à bord. Seule une chaussure traînait sur le talus, une chaussure orpheline que l'écrivain et son épouse déposèrent dans l'épave, comme si ce geste pouvait adoucir un peu la sinistre vision. Cette chaussure, sa femme en parlait comme d'un petit animal, quelque chose de doux et chaud. Elle la voyait, elle la sentait encore dans ses mains, quarante ans plus tard. Jamais elle n'avait raconté cette anecdote en public, tout simplement parce qu'il ne s'agissait pas d'une anecdote, mais d'un moment important de leur vie. Ce n'est que le lendemain en lisant les gros titres des journaux qu'ils furent saisis par l'évidence : ils avaient tenu entre leurs mains la chaussure de Roger Nimier.

L'étable était recollée, et Jésus dans le ventre de sa mère. La Madone portait un voile bleu. Les enfants lui avaient fabriqué une espèce de tablier amovible pour que le bébé puisse sortir et trouver, le 24 à minuit, sa place dans la crèche. Joseph se tenait un peu à l'écart, appuyé sur un bâton. Il avait l'air épuisé. Plus loin, les Rois mages étaient là qui marchaient à côté de leurs chameaux. Une guirlande clignotante accrochée aux branches basses donnait un petit air psychédélique à l'ensemble de la scène. Finalement, Élio avait laissé ses deux bottes sous le sapin et Merlin sa paire de chaussons de l'année précédente. Il faisait exceptionnellement doux pour un mois de décembre. Je pensais souvent à la chaussure. J'avais l'impression de la tenir dans mes mains, comme si c'était moi qui l'avais ramassée sur le bord de la route. Ce geste de la reposer dans la voiture me touchait infiniment. Le puzzle était terminé, ou tout le moins son cadre, sa bordure : à l'intérieur, il y avait un grand vide où çà et là venaient s'inscrire des groupes de pièces, îlots épars que reliaient à présent des lignes en zigzag comme autant de chemins creusés par les mots. Et les mots qui s'imposaient, curieusement, ceux qui avaient assez circulé pour laisser leurs traces, semblaient tous s'organiser autour de la pièce manquante, la pièce retrouvée, sans qu'aucun plan, aucune stratégie d'écriture n'ait présidé à ce résultat. Notre père avait perdu l'une de ses chaussures lors de l'accident ? Il pouvait revenir tranquille, Martin avait tout prévu. En bas de l'image, telle une frise, scintillaient dans une lumière rasante les plus belles pièces de sa collection. Il y aurait sûrement sa pointure parmi les Weston, les Church's, les Finsbury et autres Crockett & Jones de son fils soigneusement embrochées, lustrées et répertoriées, attendant comme des petits avions en quête de passagers l'arrivée de l'homme providentiel. Plus haut, une flaque de pièces bleues laissait apparaître la sirène d'Andersen, celle qui troquerait sa voix contre des jambes douloureuses pour séduire le prince qu'elle avait sauvé de la noyade. En haut à gauche, Hugues se balançait sur sa chaise, à côté du garçon pris dans les sables mouvants et d'un ange qui marchait pieds nus. Un peu plus bas, posées sur la bibliothèque paternelle à la place des revolvers, trônaient les mules à pompons. Je repensais à ces ampoules derrière les talons qui m'avaient empêchée de faire la quête à l'église, à cette claque de ma grand-mère et aux cinq francs que j'avais glissés dans le tronc de Saint-Augustin pour me racheter. Je pensais aux rhumatismes articulaires. Au talon d'Achille du perchiste. À la semelle qui grince sur la pédale d'embrayage. Aux empreintes de chats sur les tombes de Saint-Brieuc. Je pensais à ma jambe cassée, je n'en ai pas parlé je crois, mais c'est intrigant tout de même : j'avais un an, et je me suis cassé une jambe. Il paraît que la jeune fille qui nous gardait était tombée dans l'escalier. Elle me tenait dans ses bras. Ma mère en rentrant de son travail avait remarqué mes yeux pleins de larmes. Je ne faisais pas de bruit. J'étais là, posée dans mon lit en silence. Mon père nous conduisit à l'hôpital. Que s'était-il passé vraiment ? Rien d'autre, sans doute, que le dérapage d'une jeune fille sur des marches glissantes, mais cette fracture précoce m'est toujours apparue comme le signe de quelque chose que j'ignorais, quelque chose qui n'avait peut-être rien à voir avec une chute ou un escalier et que tout le monde voulait oublier. Enfin, et sous un angle nouveau, j'ai repensé à cette question qui m'avait obsédée, sans pouvoir jamais la poser à voix haute : Comment ça marche, un père ? Alors, les pièces se sont animées. Une silhouette bougeait au centre de l'image. Il était là, ce papa compliqué, et il marchait comme marchent les hommes, sur ses deux pieds. Il se retournait et je pouvais le reconnaître, comme un père reconnaît ses enfants. Reconnaître non seulement sa démarche, mais aussi, et dans un même mouvement de tendresse, reconnaître son visage, ses traits, ses expressions. Son front haut. Ses yeux verts. La courbe parfaite de ses sourcils. Je pouvais les voir, les imaginer. Et pour la première fois depuis longtemps, je me suis sentie apaisée, comme si le monde enfin marquait une pause.

*Achevé d'imprimer
sur Roto-Page
par l'Imprimerie Floch
à Mayenne, le 4 novembre 2004.
Dépôt légal : novembre 2004.
1er dépôt légal : juin 2004.
Numéro d'imprimeur : 61487.*

ISBN 2-07-077154-7 / Imprimé en France.

134009